Offener Unterricht zum Schulanfang

Lehrer-Bücherei: Grundschule

Herausgegeben von
Horst Bartnitzky und Reinhold Christiani

Bärbel Nicolas

Offener Unterricht zum Schulanfang

•

Voraussetzungen

•

Beispiele für alle Fächer

•

Dokumentation der Lernergebnisse

Cornelsen
SCRIPTOR

Gedruckt auf chlorfrei gebleichtem Papier
ohne Dioxinbelastung der Gewässer

Deutsche Bibliothek – CIP-Einheitsaufnahme

Nicolas, Bärbel:
Offener Unterricht zum Schulanfang: Voraussetzungen,
Beispiele für alle Fächer, Dokumentation der Lernergebnisse /
Bärbel Nicolas. – Berlin: Cornelsen Scriptor, 1997
   (Lehrer-Bücherei: Grundschule)
   ISBN 3-589-05024-1

Dieses Werk berücksichtigt die Regeln der reformierten Rechtschreibung
und Zeichensetzung.

5.	4.	3.	2.	1.	✓	Die letzten Ziffern bezeichnen
01	2000	99	98	97		Zahl und Jahr des Drucks.

©1997 Cornelsen Verlag Scriptor GmbH & Co. KG, Berlin
Das Werk und seine Teile sind urheberrechtlich geschützt. Jede Verwertung in ande-
ren als den gesetzlich zugelassenen Fällen bedarf deshalb der vorherigen schriftlichen
Einwilligung des Verlags.
Redaktion: Marion Clausen, Gleichen-Etzenborn
Herstellung: Hans Reichert, Frankfurt am Main
Alle Abbildungen stammen von der Autorin bzw. sind Arbeitsergebnisse
ihrer Schülerinnen und Schüler.
Umschlagentwurf: Studio Lochmann, Frankfurt am Main
Satz: FROMM MediaDesign GmbH, Selters/Ts.
Druck und Bindung: Clausen & Bosse, Leck
Printed in Germany
ISBN 3-589-05024-1
Bestellnummer 50241

Inhaltsverzeichnis

Vorwort

Seit gut 20 Jahren schreiben Lehrerinnen und Lehrer Bücher über ihren Unterricht und nehmen auch damit eine Tradition der Reformpädagogik auf. Dies ist ein Zeichen gewachsenen professionellen Selbstbewusstseins der Lehrkräfte: Sie führen nicht lediglich aus, was Wissenschaft und Vordenker ausgedacht haben, sondern sie entwickeln ihre eigene Praxis reflektierend weiter und stellen diese Entwicklung vor. Viele Impulse sind von diesen veröffentlichten Berichten auf die Weiterentwicklung der Grundschule ausgegangen – Impulse für neugierige und nach Anregungen suchende Lehrerinnen und Lehrer, Impulse für die kritisch-konstruktive Wissenschaft und auch für die Entwicklung neuer Richtlinien und Lehrpläne. Gerade am Stichwort: offener Unterricht (oder vielleicht richtiger prozesshaft formuliert: sich öffnender Unterricht) lassen sich solche Spuren und Wirkungen vielfach belegen. Überhaupt wäre die Grundschule als innovativste Schulform nicht so weit, wie sie heute vielerorts ist, ohne die Anstöße und Entwicklungen aus reformorientierter Praxis.

Diesem professionellen Selbstbewusstsein der Lehrkräfte würde aber zuwiderlaufen, wenn nun diese Praxisberichte wie Rezepte gelesen würden. Denn gerade dies macht ja ihre Bedeutung aus: Unterricht und Erziehung als Entwicklungen zu verstehen, an denen die jeweilige Lehrerin wie die jeweiligen Kinder in wechselseitiger Beziehung beteiligt sind. Da wirkt die besondere Persönlichkeit der Lehrerin, ihre Strahlkraft, ihr Takt, ihre Kompetenz auf die Kinder und die Kinder wirken mit ihren Persönlichkeiten und Möglichkeiten zurück.

Auch was der „im Feld" stehenden Lehrerin vielleicht gar nicht bewusst ist, zum Beispiel ihr Einfühlungsvermögen für Kinder, ihr methodisches Repertoire, ihr „Blick" für Entwicklungen, hat entscheidende Bedeutung. Oft kann man dies alles in Praxisberichten wie diesem zwischen den Zeilen lesen, immer muss man es mit in Rechnung stellen. Objektive Berichte können diese Erfahrungsberichte eben nicht sein und sie sind auch nicht zum schlichten „Nachmachen" geeignet.

Von solcher Art ist der Erfahrungsbericht von Bärbel Nicolas: selbstbewusst und von den eigenen Erfahrungen geprägt, mit einem unglaublichen Schatz an Ideen, an Erkenntnisgewinnen und voll ansteckendem Enthusiasmus.

Wer davon profitieren will für seine Öffnung des Unterrichts, kann dies reichlich tun. Er oder sie wird aber immer den eigenen Weg selber finden müssen.

Horst Bartnitzky

1. Vom Klassenraum zum Lebensraum

Wie eine veränderte Lernumgebung dazu beitragen kann, schulisches Lernen zu verändern

Welche Lernumgebung benötigen oder bevorzugen wir, um motiviert und konzentriert arbeiten zu können? Ich kann mich zum Beispiel bei einer Schreibtischtätigkeit nur dann konzentrieren, wenn ich mir meine Umgebung gemütlich herrichte. Also wird zuerst mein Arbeitszimmer aufgeräumt. Alles, was ich für meine Arbeit benötige (Arbeitsgeräte, Bücher, Kaffee usw.), wird bereitgestellt.

Auch Musikkassetten gehören zu meiner vorbereiteten Arbeitsumgebung, da ich die Erfahrung gemacht habe, dass klassische Musik oder meditative Klänge im Hintergrund mir dabei helfen, mich zu entspannen und meine Gedanken zu ordnen. Abeiten, bei denen ich viel nachdenken muss, verrichte ich am liebsten, wenn ich alleine in einem Zimmer bin, mindestens aber in einer abgschirmten Ecke.

Ich hätte mir gern auch als Kind schon eine auf meine Bedürfnisse zugeschnittene Lernumgebung sowohl in der Schule als auch zu Hause geschaffen. Ich erinnere mich noch heute an sterile, lieblos „eingerichtete" Klassenräume.

Aus dieser Kenntnis heraus und den Erfahrungen, die ich mit meinen eigenen Kindern in ihrer Spielumgebung gemacht habe, resultierte der Wunsch, als ich 1970 im Grundschulbereich tätig wurde, den mir zugewiesenen Klassenraum zu einem wohnlichen und anregenden Raum umzugestalten. Die Veränderung des Klassenraums war für mich die Voraussetzung für meine unterrichtliche Tätigkeit.

Bei der Umsetzung meiner Ideen stieß ich allerdings überwiegend auf Widerstände und Probleme sowohl persönlicher als auch finzieller und materieller Art, wie sie auch heute leider noch vielerorts auftreten. Für beinahe jede räumliche Veränderung musste die Erlaubnis des Hausmeisters, der Schulleitung oder des Schulamtes eingeholt werden. Oft half nur ein listiges Vorgehen. Ich habe mich an handwerklich befähigte, gut ausgerüstete Freunde gewandt, manchmal waren es auch Väter meiner Schülerinnen und Schüler, die mir „heimlich" Löcher in die Wände bohrten, sie mit Dübeln versahen, um Wäscheleinen kreuz und quer durch den Raum zu spannen, und Wände verkleideten, damit diese als Pinnwände benutzt werden konnten. Übrigens: Mit Hilfe der Eltern habe ich viel erreicht. Sie sind zu vielen „Schandtaten" bereit, wenn es um das Wohl ihrer Kinder geht, auch wenn sie mein unterrichtliches Konzept anfangs nicht immer verstanden haben.

Alte, ausgediente Schultische aus dem Schulkeller stellte ich als Raumteiler auf. Damit diese nicht als Turngerät benutzt wurden, habe ich sie mit Blumentöpfen geschmückt, die ich auf Trödelmärkten und aus der Nachbarschaft billig erstand oder geschenkt bekam. Alte, ausgediente Bücher aus einer Stadtbücherei, Zeichenpapier, Kataloge sowie nicht mehr benutzte Spiele meiner eigenen Kinder und deren Freunde fanden auf weiteren „Raumteilertischen" Platz. Der krönende Abschluss war ein bereits gefällter, gut gewachsener Birnbaum, den ein Freund schenkte. Er wurde auf einem kleinen Lastwagen transportiert und anschließend mit viel Mühe und List in mein Klassenzimmer „geschmuggelt". Der Baum kam in einen alten Waschbottich, der sozusagen als Übertopf fungierte. Um zu verhindern, dass der Baum umkippte, füllten wir den Waschbottich mit flüssigem Zement, der im Nu hart wurde. Mit einem Fuchsschwanz mussten noch einige Äste gestutzt werden, damit die Decke des Klassenzimmers nicht beschädigt wurde.

Dieser Baum erlebte von nun an alle jahreszeitlich bedingten Veränderungen in meiner Klasse. Je nach Jahreszeit oder festlichen Ereignissen wurde er von den Kindern und mir entsprechend geschmückt.

Mit der räumlichen Gestaltung, die ich im Laufe der Zeit immer wieder verändert habe, war ich über viele Jahre zufrieden. Raumteilertische wurden durch ausrangierte Regale, die ich von Eltern erhielt, ersetzt, eine Werkecke mit Sägen, Zangen usw. wurde von den Eltern eingerichtet, alte bezogene Matratzen für eine gemütliche Leseecke beschafft, zusätzliche Unterrichtsmaterialien oftmals von Eltern angeschafft, mein Wunsch nach einer Freinet-Druckerei wurde von meinem Schulleiter erfüllt.

Ich erprobe neue Unterrichtsformen

Unzufrieden wurde ich mit meinem Unterrichtsstil. Ich hatte das Gefühl, mich nicht mehr weiterzuentwickeln, auf der Stelle zu treten. Ich suchte nach Kollegen, denen es ähnlich ging, ließ mich im Pädagogischen Zentrum (PZ) beraten und schloss mich einer Gruppe von Lehrerinnen an, die sich mit kindgemäßeren, situationsorientierten Unterrichtsaktionen beschäftigen wollten. Wir begannen Projekte auszuarbeiten, in unseren Schulen auszuprobieren, unsere Erfahrungen auszutauschen. Innerhalb dieser Fortbildungsgruppe wurde mir deutlich, dass ich es im Vergleich zu den meisten anderen Kolleginnen leichter hatte, unsere geplanten Unterrichtsprojekte erfolgreich durchzuführen. Die Kinder aus meiner Schule kamen aus überwiegend interessierten und engagierten Elternhäusern.

Verschiedene Projekte, bei denen die Elternmitarbeit gefordert war (zum Beispiel Arbeitsplatzbesuche der Eltern), waren bei den anderen Kolleginnen teilweise aber überhaupt nicht durchführbar. Verhaltensauffällige Kinder befanden sich bei ihnen damals schon in den Lerngruppen, an meiner Schule eher die Ausnahme. Meine positiven Erfahrungen mit dem veränderten Unterricht reizten mich sehr, meinen Unterricht noch weiter zu öffnen und mit anderen Klassenzusammensetzungen, in Klassen mit hohem Ausländeranteil, mit sozial benachteiligten und verhaltensauffälligen Kindern, zu erproben.

So entschloss ich mich, in eine andere Grundschule überzuwechseln, die sich in einer sozial schwierigen Wohngegend befindet und einen hohen Ausländeranteil aufweist. Als ich meinen neuen Klassenraum zu sehen bekam, war ich entsetzt. Wände und Decke waren völlig verdreckt und beschmiert. Der Fußboden, mit Teppich ausgelegt, bot das gleiche Bild. Außer Tischen und Stühlen und der üblichen Fronttafel gab es hier nichts. Nachdem ich mich von dem ersten Schock erholt hatte, erwachte meine Energie wieder. Ich wusste, dass ich in diesen Raum sehr viel Arbeitszeit investieren musste, um ihn für die Kinder und mich bewohnbar zu machen. Ich sollte eine Ganztagsklasse übernehmen, was bedeutet, dass diese Kinder teilweise von 6.00 Uhr bis 17.00 Uhr, also den ganzen Tag, in der Schule verbringen mussten. Viele von ihnen kamen aus problematischen Familienverhältnissen und schwierigen Wohnsituationen. Sie brauchten eine wohnliche und zugleich lernanregende Atmosphäre, um Lernlust und Lernintensität zu entfalten und zu erhalten.

Zunächst besorgte ich mir Regale, die nichts kosteten (von Wohnungsauflösungen, über eine Annoncen-Zeitung, von Kollegen und Nachbarn). Farben erhielt ich kostenlos von unserem Schulamt. Drei Wochen meiner damaligen Sommerferien arbeitete ich im Klassenraum. Ich musste mir dann aber doch noch zusätzliche Unterstützung holen, weil mich beim Anstrich der Decke die Kräfte verließen, heute könnte ich für solche Aktivitäten Eltern gewinnen.

Vor der umfangreichen Renovierungsarbeit sicherte ich mich allerdings ab, dass ich meinen Klassenraum so lange behalten konnte, wie ich wollte. Ich kenne inzwischen einige Schulleiterinnen und Schulleiter, die es ihrem Kollegium möglich machen, ihren Klassenraum so lange wie gewünscht zu behalten, wenn die Klasse in Eigenregie oder mit Hilfe der Eltern renoviert wird.

Funktionsecken im Raum

Mit den Regalen teilte ich die Klasse in kleine Räume, Flächen und Nischen ein. Jedes Kind sollte zur Einschulung eine Grünpflanze mitbringen, darum hatte ich in einem Einladungsbrief gebeten.

Folgende Funktionsbereiche waren entstanden:

- Schreibecke mit zwei alten Schreibmaschinen;
- Malecke;
- Druckecke mit Freinet-Druckerei (Geschenk meines vorherigen Freinet-begeisterten Schulleiters);
- Leseecke mit Sitzpolstern und ausgeliehenen Büchern aus der Bücherei;

■ zwei weitere Ecken beziehungsweise Nischen für individuelle Förderung und als Arbeitsplatz für Kinder, die sich leicht ablenken lassen.

Inzwischen gibt es auch eine

■ Ecke für mich mit vielen Ablagemöglichkeiten;
■ Freifläche für unterschiedliche Aktivitäten wie Gesprächskreis, Bewegungsspiele, Entspannungsübungen, Singen und Tanzen, Unterrichtsdemonstrationen, zum Arbeiten auf dem Fußboden.

Bei Bedarf, zum Beispiel bei hohen Klassenfrequenzen, kann ich auf dieser Freifläche auch Tische aus unserem Flur unterbringen.

Die Malecke mit den Staffeleien hat jetzt ihren Platz im Flur. Dort haben die Kinder mehr Bewegungsraum, auf dem Boden liegt kein Teppich und der Waschraum ist in unmittelbarer Nähe. Die Aufteilung in verschiedene Funktionsecken ist eine wichtige Voraussetzung für binnendifferenzierten, offen gestalteten Unterricht.

■ Sie bieten Rückzugsmöglichkeiten nach Konfliktsituationen unter den Kindern oder auch mit der Lehrerin. Angekuschelt an unseren Riesen-Plüschaffen, dessen lange Arme ein Kind umschließen können, hat auch schon so mancher Fernsehübermüdete seinen fehlenden Schlaf nachgeholt oder vorübergehenden Trost gefunden.
■ Die entsprechenden Arbeitsmaterialien sind in greifbarer Nähe, was dazu beiträgt, dass der Geräuschpegel niedriger gehalten und eine allgemeine Unruhe verringert wird.

11

- Kinder mit Konzentrationsstörungen arbeiten intensiver als in einem üblichen Klassenraum, weil die Ablenkung aufgrund der abgeschirmten Ecken wesentlich geringer ist.
- Bei Einzelförderung kann sich die Lehrerin mit einem Kind in eine ruhige Ecke zurückziehen.

Freie Platzwahl

Aufgrund der vielen Ecken, die ich mit Regalen in meinem Klassenraum eingerichtet habe, gibt es allerdings nicht mehr viele Stellflächen für Schülertische, so dass nicht jedes Kind über einen eigenen Tisch verfügt. Feste Plätze gibt es somit nicht. Die Platzauswahl richtet sich im Allgemeinen nach den entsprechenden Funktionsecken mit ihren jeweiligen Materialangeboten oder nach der Zweckmäßigkeit eines bestimmten Vorhabens. Die meisten Kinder kommen mit der freien Platzauswahl gut zurecht. Sollten einzelne Kinder sich mit dieser Form überfordert oder unsicher fühlen, so ist es kein Problem, ihnen zunächst einen festen Stammplatz zuzugestehen. Nach wenigen Wochen geben aber auch diese Kinder normalerweise ihren Stammplatz freiwillig ab, wenn sie Angst und Unsicherheit verloren haben und neugierig werden, andere Ecken und Plätze kennenzulernen.

Es gibt jedoch auch Kinder, für die es zwingend wichtig ist, einen festen Arbeitsplatz zu erhalten, zum Beispiel solche mit Wahrnehmungsstörungen. Die Schülerinnen und Schüler nehmen bei nicht festgelegten Plätzen zwangsläufig häufiger Kontakt zu vielen Kindern auf. Ich habe festgestellt, dass die

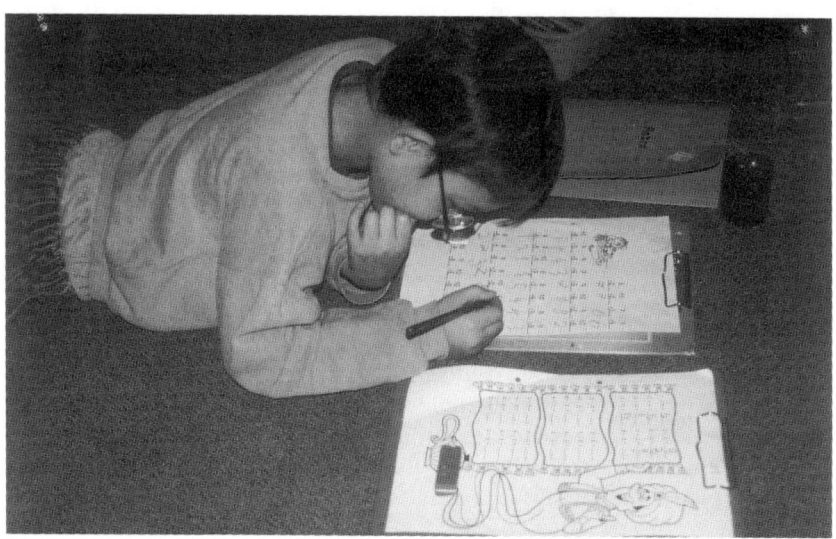

Kinder sehr häufig ihre Stellung wechseln, was ihrer Körperhaltung und ihrem Bewegungsdrang mit Sicherheit zugute kommt. Ich habe noch nie gesehen, dass ein Kind von sich heraus, über längere Zeit in *einer* Haltung verharrt.

Wenn die Schüler auf dem Fußboden arbeiten wollen, was einige mit Vorliebe tun, benutzen sie eine Klemmunterlage. Das ist eine Unterlage, an die Hefte oder Bögen festgeklemmt werden können, so dass sie nicht verrutschen.

Übrigens sieht das Schriftbild dieser Kinder nicht schlechter aus als das von den Schülern, die am Tisch sitzen und schreiben. Allerdings gilt die Regel, dass Kinder, die schreiben möchten, ein bevorzugtes Anrecht auf einen Tischplatz haben. Nie wollten bisher alle Kinder zur gleichen Zeit schreiben.

Ordnungskriterien und Regeln

Bei so vielfältigen Rückzugsmöglichkeiten in unterschiedliche Ecken müssen gemeinsam Ordnungskriterien und Regeln aufgestellt werden, die von allen Beteiligten (Kindern und Erwachsenen) eingehalten werden müssen. Bevor ein neuer Platz „eingenommen" wird, muss der vorherige aufgeräumt hinterlassen werden. Es gibt nämlich Kinder, die sich im Laufe eines Vormittags in nahezu jeder Ecke einmal aufgehalten und gearbeitet und ihre Spuren hinterlassen haben.

Seit mehreren Jahren beziehe ich nun auch den Schulflur als „Wohnflur" in die Unterrichtsarbeit ein. Dort stehen inzwischen Frühstückstische, an denen die Kinder ihr Frühstück einnehmen dürfen, wenn sie Hunger haben. Unsere Arbeitstische bleiben dadurch von lästigen Krümeln und verschütteten Ge-

tränken verschont. Unterdessen haben andere Kollegen auf diesem Flur diese Idee auch aufgegriffen, was sich zusätzlich sehr positiv hinsichtlich der Kontaktaufnahme und Rücksichtnahme unter den Kindern der Nachbarklassen bemerkbar macht. Aber nicht nur der Kontakt unter den Kindern, sondern auch der zu den auf dem gleichen Flur befindlichen Kolleginnen wurde begünstigt. Für die Erwachsenen gibt es ebenfalls einen Frühstückstisch auf dem Flur.

Obwohl die meisten Kollegen auf unserem Flur inzwischen sehr flexibel und überwiegend an den Bedürfnissen der Kinder die Pausen ausrichten, sitzt trotzdem nur selten eine Kollegin allein an unserem runden Tisch, um eine Kaffeepause wahrzunehmen. Inzwischen reichen unsere Stühle oftmals nicht mehr aus; denn es hat sich auch bei anderen Kolleginnen, aber auch Eltern, herumgesprochen, dass es an diesem Tisch fast immer Kaffee für jede gibt.

Die Klassentür steht immer offen, die Türklinke ist mit einem Handtuch „verbunden", wie ich es von Krankenhausaufenthalten her kenne, um zu vermeiden, dass die Tür durch einen unvermeidlichen oder auch mal absichtlichen Knall ins Schloss fällt.

Erfahrungen mit selbst hergestellten und käuflichen Arbeitsmaterialien

Da ich nur über einen geringen schulischen Geldbetrag verfügte, war das Geld rasch für einige Gesellschaftsspiele und Werkmaterialien verbraucht. So begann ich damit, die fehlenden Unterrichtsmaterialien selbst herzustellen. Diese Arbeit war für mich neu, reizvoll und spannend. An Ideen fehlte es nicht, aber den Zeitaufwand hatte ich völlig unterschätzt. Die Ferien waren vorbei und ich hatte vielerlei halbfertige Produkte, die zum Schulbeginn leider noch nicht eingesetzt werden konnten.

Bei einigen Materialien musste ich dann auch noch feststellen, dass der Aufwand bei der Herstellung in keinem angemessenen Verhältnis zu dem stand, was ich mir für die Kinder davon versprach. Ich ging dazu über, die fertigen und halbfertigen Arbeitsmittel verschiedener Verlage genauer unter die „Lupe" zu nehmen, die ich sofort oder ohne viel zusätzliche Eigenarbeiten in den Unterricht einbeziehen konnte.

Im Laufe der Jahre habe ich jedoch immer wieder feststellen können, dass die selbst hergestellten Unterrichtsmaterialien im Allgemeinen beliebter waren als die käuflichen. Eigene Arbeitsmittel kann ich großzügiger anordnen und gestalten, die Inhalte auf die jeweilige Klasse abstimmen, unterschiedliche Schriftgrößen, verschiedenfarbige Pappen und Papiere verwenden, auf Schwierigkeitsgrade achten usw. Diese wesentlichen Kriterien habe ich bei Verlagsprodukten nur selten gefunden. Trotzdem greife ich hin und wieder auf Arbeitsmittelangebote der Verlage zurück. Einige Beispiele solcher käuflichen

Arbeitsmittel, die ich erfolgreich eingesetzt habe und die die Kriterien in Bezug auf Eigenkontrolle, Partnerarbeit, Erweiterungsmöglichkeiten und Motivation erfüllen sowie veränderungsfähig sind, werden in den entsprechenden Arbeitsbereichen der folgenden Kapitel vorgestellt.

Herstellung von Arbeitsmitteln

Allen Kolleginnen, die sich dafür entscheiden, Arbeitsmittel selbst herzustellen, möchte ich an dieser Stelle folgende Tipps geben:

Aus Zeitersparnisgründen sollte man für sich prüfen, wie oft und über welchen Zeitraum die Arbeitsmaterialien vermutlich benutzt werden können oder müssen. Davon hängt es ab, wie stabil das verwendete Material sein muss, ob ein Beziehen mit Folie sinnvoll oder notwendig ist, welche Stifte zum Zeichnen, Schreiben oder Markieren und welche Klebstoffe für welches Material geeignet sind.

- Für selbst auszumalende Bilder oder Kopiervorlagen, die man mit Folie beziehen möchte, sollten keine Filzer, sondern Holzbuntstifte verwendet werden, weil die Farben von Filzstiften nach einer Weile verblassen, manchmal verwischen oder ganz verschwinden.
- Für Arbeitsvorlagen, die auf eine Pappe geklebt und anschließend mit Folie bezogen werden sollen, eignen sich Klebestifte besser als Flüssigkleber aus Tuben. Der Flüssigkleber hinterlässt in der Regel Spuren und Erhebungen, die das Beziehen mit Folie erschweren und die sichtbar bleiben.
- Matte Folie lässt sich problemloser bearbeiten als glänzende, sie ist fester, lässt kleine Korrekturen zu und ist „spiegelfrei". Folien kauft man am besten in Fachgeschäften. Dort kann man die gewünschte Menge in unterschiedlichen Breiten zuschneiden lassen.

Klebe ich selbstgefertigte Spielvorlagen oder Ähnliches auf Pappen? Wenn ja, auf welche? Oft ist es einfacher, die Vorlagen gleich auf einen entsprechenden Karton zu kleben, um sich die oftmals mühselige Arbeit des Klebens zu ersparen.

Wer Dinge mit Folie beziehen will, um eine bessere und längere Haltbarkeit damit zu erzielen, sollte sich in Fachgeschäften erkundigen, welche Folie sich leicht verarbeiten lässt und eventuell auch noch Korrekturen ermöglicht.

Es gibt inzwischen auch sogenannte „Kaschiermaschinen" für die Größen DIN A3 und DIN A4, die Kartonvorlagen doppelseitig mit Folie beziehen. Sie sind aber noch sehr teuer in der Anschaffung. Bei einer sinnvollen Anordnung der zu kaschierenden Vorlagen auf das jeweilige Format der Kaschiermaschine ist der Folienpreis jedoch erheblich günstiger, als wenn Materialien mit selbst gekaufter Folie handbezogen werden, abgesehen vom erheblich geringeren Zeitaufwand.

Auch bei Kaschiermaschinen lohnt sich ein Preisvergleich. Seit einiger Zeit gibt es Kaschiergeräte, die sich „Laminator" nennen. Bei diesen Geräten läuft die Folie nicht über eine Walze, sondern es werden dafür Folientaschen in DIN A7, 6, 5, 4, 3 verwendet. Die Anschaffung eines Laminators für die Schule wäre sicherlich sinnvoll. Er ist erheblich preiswerter als andere Kaschiermaschinen, die Handhabung ist einfacher und auch foliensparender. Auch bei diesen Geräten lohnt sich ein Preisvergleich, vor allem bei den Folientaschen, die meist nur zu 100 Stück des jeweiligen Formates verkauft werden. Es ist darum empfehlenswert, mit anderen Kollegen gemeinsam zu bestellen.

Präsentation der Materialien

Rechen- und Schreib-Lesekarteikarten, aber auch selbst gemachte Dominos, Puzzle, Lottospiele und Ähnliches stecke ich meist in Klarsichthüllen oder Folientaschen, die es in allen Größen in Briefmarkengeschäften zu kaufen gibt.

Anschließend werden diese Sachen geordnet, mit Klebepunkten versehen, durchnummeriert und in farbig unterschiedlichen Karteikästen, die die Farbe des jeweiligen Lernbereiches tragen, einsortiert. Der Karteikasten erhält ein entsprechendes Symbol, was auf den Inhalt hinweist, oder wird beschriftet. Hat man keine Karteikästen in den benötigten Farben, so können diese auch mit passenden farbigen Markierungsklebepunkten versehen werden.

Bei mir gibt es *ein* Ordnungsprinzip, was sich sehr gut bewährt hat und mit dem sich alle Kinder schnell zurechtfinden: Dem Bereich Mathematik ist die Farbe Blau zugeordnet. Demzufolge sind die Ordner, in denen sich Arbeitsbögen für diesen Bereich befinden, mit einem blauen Rückenschild versehen und entsprechend der Anzahl der Schülerinnen und Schüler durchnummeriert.

Die Schnellhefter, in denen die Schüler ihre bearbeiteten Arbeitsbögen abheften, haben ebenfalls die Farbe Blau. Rechenhefte erhalten einen blauen Umschlag. Rechenkarteikarten bekommen einen blauen Klebepunkt, auf dem die Kartennummer vermerkt wird.

Stellt man eigene Rechenkarteien her, so kann man blaue Karteikarten verwenden. Die Karteikarten kommen dann in einen blauen Karteikasten. Es gibt auch einen blauen Ablagekorb für Rechenaufgaben, in den die Kinder ihre Aufgaben legen, wenn ich keine Zeit zur sofortigen Korrektur habe.

Arbeitsbögen mit Rechenaufgaben, die für einzelne oder alle Kinder verpflichtend sind, erhalten in blauer Farbe den Namen des jeweiligen Kindes. Das hat den Vorteil, dass begonnene oder fertig gestellte Arbeitsblätter, die anfangs ja öfter mal liegen bleiben, dem zuständigen „Sachbearbeiter" wieder zugeführt werden können.

Mit den anderen Lernbereichen verfahre ich in der Organisation ebenso. Der Lesebereich hat die Farbe Gelb, entsprechend sind die dazugehörigen Materialien ebenfalls alle mit Gelb gekennzeichnet.

Der Schreibbereich hat die Farbe Rot, Sachunterricht Grün usw. Auch für diese Bereiche gibt es Ablage-Kontrollkästen. Ich habe mir aus einem Copycenter die Deckel der Kartons geben lassen, in denen das Kopierpapier geliefert wird, und diese an der Vorderseite mit der zu dem Bereich passenden farbigen Lackfolie umkleidet. Diese Ablagekästen wurden mit einem wasserfesten dicken Filzer mit dem Wort „fertig" beschriftet und stehen an einem festen Platz. Wenn ich die Arbeiten durchgesehen habe, werden sie auf zwei weitere Ablagekästen verteilt. Ein Kasten erhält auf der Frontseite ein Fragezeichen. In diesen Kasten lege ich alle Arbeitsbögen, die unvollständig bearbeitet wurden oder Fehler aufweisen. Unvollständige oder fehlerhafte Aufgaben werden mit einem „?" gekennzeichnet. Ich verwende einen Bleistift, so dass die Kinder nach entsprechender Korrektur dieses Fragezeichen wieder wegradieren können. Mit dieser Form kommen die Kinder nach meinen Erfahrungen besser zurecht als mit der Kennzeichnung „f" für falsch, das bei den meisten Kindern sehr negativ besetzt ist, vor allem dann, wenn es extra dick, mit einem Füller oder mit roter Farbe geschrieben wird, so dass es sie immer wieder daran erinnert, etwas falsch gemacht zu haben, und der Fehler für jeden sichtbar stehen bleibt.

Wenn das Kind den Fehler allein nicht herausfindet, darf es bei Mitschülern nachfragen, und erst wenn diese nicht in der Lage sind, dem Kind seinen Fehler zu erklären, darf eine Nachfrage bei mir erfolgen. Hat ein Kind sehr viele Fragezeichen auf seinem Arbeitsbogen, kann es sofort zu mir kommen. Können die Kinder noch nicht so gut lesen, versehe ich den entsprechenden Arbeitsbogen mit einem „Fußstempel" (laufende Füße). Die Kinder erkennen an diesem Bild, dass ich sie bitte, zu mir zu kommen.

Ein weiterer Kasten wird mit der Abbildung eines Lochers, Schnellhefters beziehungsweise Ordners beklebt. Die Arbeiten, die ich in diesen Kasten lege, sind korrekt und dürfen gelocht und abgeheftet werden.

Jedes Ding hat seinen Platz

Spiele für die verschiedenen Unterrichtsbereiche erhalten ebenfalls den passenden farbigen Klebepunkt und müssen immer an der verabredeten Stelle auf Tischen oder in einem Regal deponiert werden. Das ist wichtig, damit bei der Freiarbeit oder bei der Wochenplanarbeit die Zeit nicht mit Suchen vertan wird, wobei immer eine störende Unruhe entsteht und der Geräuschpegel unnötig ansteigt.

Es ist ein wesentliches Ordnungsprinzip, dass jedes Kind sein benutztes Unterrichtsmaterial immer an seinen jeweiligen „Stammplatz" zurückbringen muss. Übrigens achten die Kinder nach einer Weile ganz von allein darauf, weil sie selbst sehr ungehalten darüber sind, wenn sie erst suchen müssen. Es ist ihnen genauso lästig wie uns. Aber auch hier gibt es natürlich Ausnahmen.

Kinder, die Probleme mit selbstständigen Entscheidungen haben, noch wenig Geduld und Konzentration aufbringen oder Anlaufschwierigkeiten haben, übernehmen gern und ausgedehnt die Suche nach verschwundenen Gegenständen.

Sie lenken sich damit von ihren eigentlichen Aufgaben ab, oder ihre Konzentration ist nur so gering, dass sie lediglich für die Entscheidung zu einer Aufgabe ausreicht. Ist das Material, für das sich solch ein Kind entschieden hat, aber nicht sofort greifbar, erlischt oftmals die ursprüngliche Motivation, sich dieser Aufgabe zu stellen, wieder.

Um einer Orientierungslosigkeit vorzubeugen, sollten alle Spiel- und Arbeitsmaterialien den Kindern erst nach einer entsprechenden Einführung zugänglich gemacht werden. Erst wenn ich sicher bin, dass wirklich alle Kinder ein bestimmtes Spiel oder Unterrichtsmaterial kennengelernt haben und seine Handhabung beherrschen, erhält es einen festen Platz und wird für die Freiarbeit oder innerhalb des Wochenplans freigegeben. Die Regale werden also erst allmählich gemeinsam mit den Kindern gefüllt.

Die Expertinnen und Experten

Kinder, die mit bestimmten Lerngegenständen besonders gut klar kommen, können als Experten ausgewiesen und dadurch als Ansprechpartner bei auftretenden Schwierigkeiten für andere Schüler eingesetzt werden.

Die Namen dieser Experten werden auf ausgehängten Listen eingetragen. Bei einigen Spielen ist es möglich, im Kartondeckel eines Spiels ein Haftetikett zu befestigen, auf dem die Namen der Kinder stehen, die sich mit dem jeweiligen Spiel besonders gut auskennen. In Karteikästen stecke ich meist eine zusätzliche Karte mit den Expertennamen. Solange viele Kinder noch nicht lesen können, werden auch anstatt der Namen fotokopierte Fotos aufgeklebt.

Gesellschafts- und auch andere Lernspiele eignen sich selten für eine Einführung im Klassenverband. Solche Spiele führe ich überwiegend nach dem Schneeballsystem ein, das heißt, ich spiele diese Spiele zusammen mit etwa vier Kindern einmal durch, während die anderen Kinder Freiarbeit machen, Pflichtaufgaben erledigen oder in einer allgemeinen Spielstunde sich ebenfalls mit Spielen beschäftigen, bei denen sie nicht auf meine Hilfe angewiesen sind.

Nach einem Spieldurchlauf wird gewechselt. Ich spiele mit den nächsten vier Kindern usw., bis alle Schüler dieses Spiel einmal mit mir gespielt haben. Stellt sich heraus, dass bereits einige Kinder dieses Spiel kennen oder es sehr schnell erlernt haben, so können diese Kinder bei weiteren Spieldurchläufen als Spielleiter fungieren. Jedes Kind, das ein Spiel in der Einführungsphase gespielt hat, macht auf einer dazugehörigen Liste ein Kreuz oder einen Klebepunkt hinter sein Foto oder seinen Namen.

Erst wenn auf der jeweiligen Liste alle Namen gekennzeichnet sind, darf dieses Material künftig von allen Kindern ohne meine Erlaubnis einzuholen benutzt werden. Die vollständigen Listen werden in einem Ordner abgeheftet und manchmal auch hinsichtlich Motivation, Ausdauer, Geduld und Schwierigkeitsgrad kommentiert.

Sind die Entwicklungsunterschiede innerhalb einer Klasse besonders groß, so müssen einige Lernspiele, die hohe Anforderungen an die Kinder stellen, bei mir persönlich ausgeliehen und wieder abgegeben werden.

Ordnungsämter

In den Regalen, die für alle Kinder zugänglich sind, stehen nur *die* Materialien, die von *allen* Kindern bewältigt werden. Ihre Anzahl wächst kontinuierlich, und so wird den Kindern deutlich, wie viel sie schon gelernt haben und selbstständig bewältigen. Buntstifte, Bleistifte, Radiergummis und einige Scheren werden in geeignete Ordnungsbehältnisse, die es in allen Kaufhäusern preiswert zu kaufen gibt, sortiert und auf die Tischgruppen in den Funktionsecken verteilt.

Auf *einem* Regal werden diese Materialien ebenfalls untergebracht, wobei hier die Buntstifte auch nach Farben in Ablageschalen sortiert sind. Die Scheren befinden sich dort in einem Scherenständer, Radiergummis in einem Kästchen. In und auf diesem Regal befinden sich außerdem noch die Spitzmaschine, Klebeecken für Fotos und die Datumsstempel mit Stempelkissen, Locher, Heftmaschine, Lienale und Schablonen. Kinder, die auf dem Boden arbeiten, packen sich die benötigten Stifte und anderes in ein Körbchen, das sie dann zu ihrem Arbeitsplatz mitnehmen.

Dieses System hat den Vorteil, dass die Arbeitsmaterialien der gesamten Klasse gehören, sich dementsprechend auch alle Kinder dafür verantwortlich fühlen müssen, mit diesen Dingen materialgerecht und ordentlich umzugehen. Die sicherlich allen Lehrern vertrauten Sätze beim Aufräumen: „Das ist aber nicht mein Stift!", „Den habe ich nicht benutzt!" kenne ich kaum noch!

In den ersten Wochen räume ich mit den Kindern gemeinsam auf. Danach werden verschiedene Ordnungsämter mit den Kindern besprochen, eingeführt und für verbindlich erklärt. Um das leidige Thema „Ordnung halten" in den Griff zu bekommen und einen möglichst reibungslosen Ablauf zu gewährleisten, werden Ordnungsämter, die wöchentlich wechseln, bereits ab der dritten Schulwoche vergeben und im Laufe der Zeit je nach Notwendigkeit erweitert.

Dafür fotografiere ich die entsprechenden Bereiche oder Tätigkeiten, zum Beispiel Druckecke, Malecke, Leseecke, Buntstiftbehälter, Anspitzer, Frühstücksamt usw., und hänge die Fotos an eine Pinnwand an der Klassentür. Für jedes Kind wird eine „helfende Hand" mit dem jeweiligen Namen versehen oder ein einfaches Namensschild neben das entsprechende Foto gepinnt.

Die Ämterverteilung wird freitags für die folgende Woche vorgenommen. Finden sich mal keine Freiwilligen, so wird aus einer Auswahl von Abzählreimen ein Reim von den Kindern ausgesucht, damit ausgezählt und der noch fehlende Helfer ausfindig gemacht.

Regeln helfen allen

Regeln sind eine Voraussetzung für funktionierenden offenen Unterricht.

▨ Wenn ich mit einzelnen Kindern arbeite, darf mich niemand stören.

Diese wichtige Regel kündige ich durch Anschlagen eines Klangspiels, das von der Decke herunterhängt, und einer entsprechenden kurzen Erklärung an. Dieses Klangspiel lässt die Kinder aufhorchen, entlastet meine Stimme, ist für unsere Ohren angenehm und wird von allen Kindern positiv angenommen.

Auf diese Art und Weise wird auch wieder „Entwarnung" gegeben. Weil ich weiß, dass es trotzdem Kinder gibt, die noch zu mir kommen und an mir „herumzupfen", meinen Namen mit aller Beharrlichkeit unzählige Male rufen, besitzt jedes Kind eine bunte Wäscheklammer mit seinem Namen.

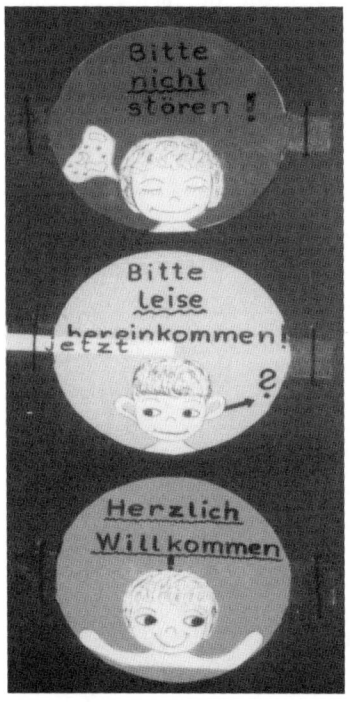

Diese Klammern hängen gleich neben der Klassentür an einer Leine. Kinder, die etwas von mir wollen, dürfen sie an meinen T-Shirt-Ärmel oder meine Bluse klammern. Dadurch kann das betreffende Kind mir signalisieren, dass es etwas von mir will; und ich weiß es, ohne gekniffen zu werden. Es darf dabei aber nicht gesprochen werden. Die Klammern müssen von oben nach unten geklammert werden, damit ich weiß, in welcher Reihenfolge ich mich den Kindern zuwenden muss.

Anfangs hängen an meinem Ärmel sehr viele Klammern. Aber wie bei vielen anderen reizvollen Dingen lässt die „Klammerei" bald nach und wird dann ernsthafter betrieben.

Am Ende der ersten Klasse machen sich einige Kinder auch den Spaß, mir möglichst unbemerkt eine Klammer anzustecken, um mich anschließend darauf aufmerksam zu machen, dass ich sie wieder einmal vergessen hätte. Ich falle fast jedesmal darauf herein, und die Kinder haben an meinem entsetzten Gesichtsausdruck ihre Freude.

Es gibt in dieser Richtung sicher viele andere Möglichkeiten. Man kann eine Art „Ampel" an der Tafel darstellen oder an einem gut sichtbaren Platz befestigen. Dazu werden drei Bierdeckel mit roter, grüner und gelber Lackfolie bezogen oder mit Buntpapier beklebt.

Rot   = Keine Störung oder besetzt
Gelb = Bald bin ich frei
Grün = Bin frei

Diese Ampel ist vielseitig. An unserer Klassentür mahnt sie Besucher zur Rücksichtnahme.

Rot   = Bitte nicht stören
Gelb = Bitte leise hereinkommen
Grün = Herzlich Willkommen

In Gefahrensituationen darf ich selbstverständlich immer gestört werden!

2. Die persönlichen Voraussetzungen für offenen Unterricht

Die Lehrerin, der Lehrer

Offenheit fängt bei uns selber an. Wir müssen unsere eigenen Stärken, Schwächen und Ängste kennenlernen, sie auch anderen Menschen transparent machen, ehrlich zu uns selber sein und Abschied nehmen von den bequem gewordenen Strukturen, die unser Leben und Lernen behindern können. Das meine ich sowohl in organisatorischer als auch in inhaltlicher Hinsicht.

Wir müssen nicht nur den Kindern Mut zusprechen, Fehler machen zu dürfen, sondern auch uns selber. Lehrerinnen müssen ihren Anspruch auf Perfektion aufgeben. Fehler sind eine wesentliche Voraussetzung für Entwicklungen und Veränderungen bei Kindern und Erwachsenen. Wir müssen auch offen werden für die unterschiedlichen Lebensbedingungen der Kinder, um ihnen eine Lernentwicklung zu ermöglichen, die am jeweiligen Entwicklungsstand eines jeden Kindes ansetzt.

In diesem Zusammenhang müssen Lehrerinnen und Lehrer darüber nachdenken, welche Schwerpunkte sie setzen, welche Fähigkeiten die Kinder entwickeln müssen um sich mit den bedrohenden gesellschaftlichen und politischen Problemen, wie Arbeits- und Wohnungslosigkeit, atomare Bedrohung, Umweltkatastrophen, finanzielle Sorgen, Drogen- und Alkoholprobleme, neue Krankheiten und die zunehmende Gewalt, auseinandersetzen zu können.

Die Schule sollte in stärkerem Maße als bisher auf die Lernbedürfnisse und Interessen der Kinder Rücksicht nehmen und ihnen ermöglichen, durch selbstständiges und eigenverantwortliches Lernen und Handeln innerhalb und außerhalb der Schule, auch in ihren mitmenschlichen Beziehungen, im Umgang mit Tieren und Pflanzen, in der Begegnung und in der Auseinandersetzung mit der Umwelt, wissender und fähiger zu werden. Dazu gehört in ganz entscheidender Weise nicht nur die Ausbildung und Förderung des kognitiven Lernens, sondern auch das soziale Lernen.

Doch dieses Lernen findet nicht durch Unterricht statt, sondern durch die Art und Weise, wie wir selbst uns Kindern und anderen Erwachsenen gegenüber verhalten, eben wie wir sind. Inwieweit verhalten wir uns respektvoll, tolerierend, verständnisvoll, freundlich und die Würde des Kindes nicht verletzend gegenüber den uns anvertrauten Kindern? Inwieweit können wir den Kindern ein Vorbild sein?

Lehrerinnen und Lehrer müssen auch die zur Tradition gewordenen Festlegungen für Erziehung und Unterricht (zum Beispiel Pausenregelungen, Stundenaufteilungen in 45-Minuten-Einheiten, Lerninhalte und Lernformen, Beurteilungsweisen usw.) immer wieder darauf überprüfen, ob sie für das Leben und Lernen der Kinder förderlich sind oder ob sie es behindern. Wer bereit ist, sich auf kindgerechtere Unterrichtsformen einzulassen, sollte im Interesse aller Beteiligter darauf achten, dass die Veränderungen behutsam und in Übereinstimmung mit der persönlichen Entwicklung erfolgen.

Die Kinder

Kinder, die bereits in der Familie, im Kindergarten oder in ähnlichen Einrichtungen die Möglichkeit hatten, selbstständig und eigenaktiv tätig zu sein, werden mit einer offenen Unterrichtsform sicher schnell zurechtkommen.

In meinen bisherigen Klassen waren diese Kinder allerdings nur selten zu finden. Der größte Teil meiner Schulanfänger kam aus sozial schwierigen und problematischen Familienverhältnissen, war emotional vernachlässigt und gestresst, konsum- und medienverwöhnt, sprachlich verarmt. Sie erwarteten, dass der Lehrer für sie denkt und ihnen genau sagt, was sie zu tun haben. Wollte ich mit ihnen bei kaltem Wetter auf den Spielplatz oder in die Turnhalle gehen, standen sie mit offener Jacke und offenen Schuhen häufig sprachlos vor mir, in der Hoffnung, dass ich weiß, was sie von mir wollen.

Nur selten war einer in der Lage, sich die Schuhe zuzubinden und die Jacke zu schließen. Wenn ich die Eltern auf die Unselbstständigkeit ihrer Kinder ansprach, erklärten sie, dass sie selber meist in Eile wären und ihnen die Zeit in der Regel fehlen würde, darauf zu warten, bis sich ihre Kinder selbstständig fertig angezogen hätten. Diese Eltern fanden im Allgemeinen auch keine Zeit, mit ihren Kindern zu spielen, ihnen vorzulesen oder gemeinsam etwas zu unternehmen. Sie hielten es zwar auch nicht für wünschenswert, wenn sich ihre Kinder stundenlang vor den Fernseher setzten, Videos anschauten oder sich die Zeit mit Computerspielen vertrieben, konnten ihnen andererseits aber auch kaum andere Angebote machen. Das schlechte Gewissen plagte diese Eltern zwar zuweilen, sie scheuten aber den Konflikt und den anschließenden Stress mit ihrem Kind, wenn sie diesen übermäßigen Medienkonsum konsequent verbieten würden.

Alternativen sehen sie größtenteils nur noch im Sportverein, in dem sie ihr Kind anmelden, damit es gut untergebracht ist. Sicherlich ist eine sportliche Betätigung in einem Verein für viele Kinder gut. Es gibt aber auch Kinder, denen Beschäftigungen in dieser Richtung keinen Spaß bringen, da sie bei ihnen erneut Stress, Konkurrenz und Versagen auslösen. Diese Kinder fielen im offenen Unterricht vor allem in der Freien Arbeit auf. Sie entdeckten nichts in der Klasse, was sie interessierte. Sie konnten nicht auswählen, keine

Entscheidungen treffen, mochten keine Gesellschaftsspiele und liefen oft ziellos im Raum herum. Sie mussten behutsam an die neue Situation und Umgebung herangeführt werden und erst lernen, sich zurechtzufinden, sich für eine Sache zu entscheiden, selbstständiger und unabhängiger vom Lehrer zu werden.

Auch Arbeitstechniken und der sachgerechte Umgang mit verschiedenen Arbeitsgeräten und Materialien, wie Klebstoff, Schere, Tuschfarben und Pinsel, Locher, Ordner oder Schnellhefter, müssen häufig erst vermittelt werden. Es ist keine Seltenheit mehr, dass sich unter meinen Schulanfängern Kinder befinden, die nur über wenig, manchmal auch gar keine Erfahrung im Umgang mit einer Schere, mit Klebstoff und Malfarben verfügen. Große Defizite in der Fein- und Grobmotorik sind in vielen Klassen keine Ausnahme. Für die Beendigung eines einfachen Gesellschaftsspiels fehlen oft Ausdauer, Konzentration und ein erforderliches Regelverständnis.

In meinem offen geführten Unterricht konnte es passieren, dass einzelne Kinder den von uns erhaltenen Freiraum zunächst auch ausnutzten; wie können Kinder wissen, was Freiheit bedeutet, wenn ihnen diese zum ersten Mal zugestanden wird. Auch in diesem Bereich sollten wir den Kindern Gelegenheit geben, sie aus ihren Fehlern lernen zu lassen. Den unselbstständigen, entscheidungsunfähigen Kindern müssen wir mit Verständnis begegnen und sie behutsam und kleinschrittig auf eine offene Unterrichtsarbeit vorbereiten.

Bei der Übernahme eines neuen Schuljahres ist es also notwendig, alle Schülerinnen und Schüler möglichst genau zu beobachten, um zu entscheiden, welcher Öffnungsgrad für die jeweilige Klasse, eine Teilgruppe oder ein einzelnes Kind angemessen ist. Mir war es zum Beispiel in einem Schuljahr möglich, den Unterricht vom ersten Tag an fast ausschließlich in Form von Freier Arbeit anzubieten. Die Kinder des eben erwähnten Schuljahres waren hoch motiviert, sehr selbstständig (fünf Kinder hatten vorher einen Kinderladen besucht), konzentriert und geduldig. Sie waren schnell in der Lage, sich mit den vorhandenen Freiarbeitsmaterialien zu beschäftigen. In dieser Klasse waren auch zahlreiche Buchprojekte entstanden. Da ich es akzeptieren konnte, dass einige Kinder manchmal bis zu drei Wochen ihr Interesse „nur" dem Lesen, „nur" dem Rechnen oder „nur" dem Schreiben widmeten und von sich aus erst nach intensiver Beschäftigung und Übung mit dieser Materie bereit waren, sich auf die vorerst hintangestellten Bereiche einzulassen, wurden Einführungsphasen überwiegend in kleinen Gruppen durchgeführt. Das bedeutete allerdings auch, dass die Kinder sich in den einzelnen Lerngebieten auf sehr unterschiedlichem Niveau befanden.

Meine Erfahrung ist, dass Kinder, die sich fast ausschließlich mit einem Bereich auseinandersetzen, meist wenig Zutrauen zu ihren eigenen Fähigkeiten besitzen. Durch vielfältige Wiederholungstätigkeiten und Übungen innerhalb eines Bereiches erlangen sie Sicherheit, Zutrauen, Bestätigung und Selbstbewusstsein. Danach sind sie meist bereit und in der Lage, ihre Aufmerksamkeit einem neuen Gebiet zuzuwenden. Nach und nach, vorausgesetzt wir selber haben die nötige Geduld des „Abwartenkönnens", wurden alle Bereiche von diesen Kindern in einem ausgewogeneren Verhältnis bearbeitet. Ihre Leistungen am Ende der ersten Klasse waren den vorgegebenen Lernzielen meist voraus.

Drei Kinder, denen sämtliche genannten Voraussetzungen für die Freie Arbeit fehlten, erhielten von mir einen Tagesplan, mit dem sie nach etwa vier Wochen gern, erfolgreich und nach etwa drei Monaten auch selbstständig arbeiteten. Da alle drei Schüler ein enormes Bewegungsbedürfnis verspürten und Konzentrationsprobleme hatten, durften sie nach Erledigung bestimmter Aufgaben Freispielphasen einlegen. Meistens verbrachten sie die ihnen zugestandene Spielzeit auf unserem schuleigenen Spielplatz. Sie lernten, sich an Absprachen zu halten, wurden zuverlässiger und arbeiteten danach bereitwillig weiter.

Am Ende der ersten Klasse war es dann auch diesen Kindern möglich, einen Teil ihres Tagesplanes durch Freie Arbeit zu gestalten. Für die große Gruppe war diese abweichende Regelung kein Problem.

Zum Umgang mit Konflikten und Regeln

Kinder mit problematischen Verhaltensweisen und mangelnden Fähigkeiten in unterschiedlichen Bereichen müssen Verständnis von mir und den anderen Kindern erfahren. Meine Standardsätze klingen dann etwa so: „Peter kann sich noch nicht an unsere Regel halten, bei unserem gemeinsamen Gespräch mit im Stuhlkreis zu sitzen *(er hält sich gerade in einer unserer Ecken versteckt)*, aber in unserer Klasse kann es jeder lernen!"

Oder: „Marina hat noch große Probleme beim Rechnen, aber in unserer Klasse kann auch sie es lernen." Auf diese Weise erfahren die Kinder, dass sie eine Chance haben, sich zu verändern, und wir sie nicht aufgeben. Bei gewalttätigen Handlungen, die ein Kind gegen sich selbst oder gegen andere richtet, mische ich mich in jedem Fall ein. Lange und moralisierende Redeflüsse meinerseits versuche ich zu vermeiden, da ich damit kaum Veränderungen ihrer negativen Verhaltensweisen feststellen kann. Oftmals erreicht man dadurch nur, dass sich die Aggressionen noch verstärken und die Ablehnung größer wird als die Bereitschaft, sich auf adäquatere Verhaltensweisen einzulassen. Meinen Kommentar versuche ich also möglichst kurz zu halten, zum Beispiel: „Ich lasse es nicht zu, dass ein Kind sich selbst oder anderen Gewalt antut." Ich will damit dem körperlich aggressiven Kind die Möglichkeit geben, aus seiner verqueren Situation mit anderen Mitteln herauszukommen, und den anderen Kindern zeigen, dass sie in ihrer Klasse sicher sind und ich sie beschütze.

Wenn es mir nicht möglich war, bereits im Vorfeld einer gewalttätigen Auseinandersetzung vermittelnd oder helfend einzugreifen, den Zeitpunkt verpasst oder den Anfang solcher Situation nicht mitbekam, blieb mir in dem Augenblick meist nichts anderes übrig, als das angreifende Kind festzuhalten oder zwei sich bekämpfende Kinder auseinander zu ziehen.

Durch Konflikt- oder Problembesprechungen erfahren die Kinder, dass die Hilfe bei Schwierigkeiten zu den wichtigsten Aufgaben eines jeden Schultages gehören und vorrangig behandelt werden müssen. Ich versuche ihnen deutlich zu machen, dass unbesprochene und ungeklärte Probleme ihr Lernen behindern oder unmöglich machen, dass ihr Ärger, ihre Wut oder ihre Ängste sich noch vergrößern und somit eine Lernatmosphäre und friedliches Miteinander verhindert werden. Eine Konfliktbesprechung verläuft etwa so:

Tritt ein Konflikt zwischen Kindern während des Unterrichts auf, lasse ich unser Klangspiel ertönen (später dürfen das die Kinder auch selber betätigen). Ich sage ihnen, dass es ein Problem gibt, oder nenne nur das Wort „Problembesprechung". Alle Kinder müssen daraufhin ihre Arbeit oder ihr Spiel unterbrechen, nach vorn kommen und sich im Kreis auf den Boden setzen. Die Kinder, die miteinander im Konflikt waren, versuche ich dazu zu bewegen, ihren Konflikt nacheinander zu schildern. Dafür gibt es einen Erzählstein, den ich dem zuerst berichtenden Kind aushändige. Danach wird der Stein an ein anderes Kind weitergegeben, das in den Konflikt verwickelt war und nun die Situation aus seiner Sicht schildert. Danach dürfen alle Kinder Fragen stellen oder sich dazu äußern, wobei immer nur das Kind reden darf, das den Erzählstein in der Hand hat. Wer etwas zu einer Sache äußern will, muss sich melden. Das trifft auch auf mich zu.

Zum Schluss werden die in den Konflikt verwickelten Kinder gefragt, ob sie in der Lage sind, sich wieder zu vertragen. Falls sie es noch nicht können und die anderen Kinder und ich ihnen auch keinen akzeptablen Lösungsvorschlag machen, rate ich ihnen, sich aus dem Weg zu gehen und sich gegebenenfalls umzusetzen. Manchmal schlage ich auch einem der Kinder vor, für eine Weile auf den Spielplatz zu gehen, zu frühstücken oder eine Nachbarklasse zu besuchen. Meistens kommen die betroffenen Kinder schon nach kurzer Zeit zu mir und berichten, dass sie sich wieder vertragen haben. Je nach Klassenzusammensetzung können solche Konfliktbesprechungen sehr häufig vorkommen.

In einer meiner Klassen zum Beispiel, in der sich sehr viele verhaltensauffällige Kinder mit unterschiedlichen Störungen befanden, standen Konfliktbesprechungen drei Jahre lang nahezu täglich auf der Tagesordnung. Konflikte, bei denen es um Kleinigkeiten ging, hatten sich allerdings nach etwa einem Jahr auf ein Minimum reduziert. Es war den Kindern lästig geworden, jedesmal ihre Tätigkeit zu unterbrechen und an einer Besprechungsrunde teilzunehmen, vor allem die Kinder, die an einem Konflikt gar nicht beteiligt waren.

Es fand ein Erziehungsprozess unter den Kindern statt. Sie versuchten mit ihren Möglichkeiten, streitende Kinder abzulenken, mit ihnen zu reden, Alternativen anzubieten (zum Beispiel mit einem der Kinder gemeinsam zu arbeiten oder zu spielen und Ähnliches), aber auch Ablehnung zu zeigen („Nur wegen dir mussten wir wieder unsere Arbeit unterbrechen und eine Besprechung machen."). Sie erreichten dadurch tatsächlich eine Verminderung der kleineren Konflikte.

Kinder können mit der Kritik ihrer Altersgenossen meistens besser umgehen als mit der Kritik von Erwachsenen. Ich hatte von da an gewöhnlich nur noch die Probleme zu besprechen, die von Gewalttätigkeit geprägt waren oder die Gefühle der Kinder in so starkem Maße verletzt hatten, dass sie auf die Hilfe von Erwachsenen angewiesen waren. Und damit hatte ich in dieser Klasse noch reichlich zu tun. Deshalb war es auch in dieser schwierigen Klasse erforderlich, die morgendlichen Gesprächskreise über drei Jahre intensiv und kontinuierlich weiterzuführen. Diese Kinder berichteten ja nicht nur über ihre schulischen, sondern auch über ihre familiären Probleme, über gewalttätige Auseinandersetzungen unter den Eltern, Flucht in Frauenhäuser, Alkoholprobleme und damit verbundene Vernachlässigung der Kinder usw.

Da es sich bei meinen Klassen immer um Ganztagsklassen handelte, war es oftmals für sie auch unabdingbar, dass die Konflikte, die am Nachmittag entstanden, am nächsten Morgen im Gesprächskreis besprochen wurden. Oft hatten es einige Kinder geschafft, einem größeren Konflikt erst einmal aus dem Wege zu gehen, weil sie sich für den nächsten Tag mit meiner Hilfe eine Klärung erhofften. Bei Auseinandersetzungen auf dem Spielplatz, bei denen ich gewöhnlich nicht dabei bin, hatte ich den Kindern den Rat gegeben, unbedingt hochzukommen, bevor sie zuschlagen, und in einer gemeinsamen Besprechung das Problem zu klären. Es ist selbstverständlich, dass ich dann auch sofort darauf reagiere.

Grundsätzlich müssen alle an dem Konflikt Beteiligten zum Gespräch in die Klasse kommen. Ich habe inzwischen gelernt, mich in diesen verbalen, oftmals brutalen Auseinandersetzungen zurückzuhalten, keine Partei zu ergreifen, nicht zu moralisieren und einzugreifen. Nachdem sich die Kinder ihre Wut unter meiner Obhut herausgeschrien haben, mit Phantasien, bei denen ich eine aufkommende Übelkeit nicht verleugnen kann, brechen sie meist schluchzend und erschöpft zusammen. Nun sind die anderen Kinder in ihrer Meinungsäußerung gefragt. Danach versuche ich die im Streit befindlichen Kinder zu beruhigen, biete ihnen die Möglichkeit des Alleinseins oder das Hören meditativer Musik an, was viele Kinder dankbar aufgreifen, und warte mit der Aufarbeitung des Konfliktes, bis die Kinder bereit dazu sind. Ich entlasse sie nach Möglichkeit aber niemals in den Nachmittag, bevor wir nicht miteinander gesprochen haben, in der Hoffnung, eine Klärung herbeizuführen.

Die Fortschritte, die die Kinder hinsichtlich der Konfliktaustragung, Konfliktbewältigung und im Sozialverhalten am Schuljahresende erzielen, sind beeindruckend. Sie bilden die Grundlage für einen funktionierenden Unterricht, sowohl was die Konzentration, die selbstständige, vom Lehrer unabhängiger werdende Arbeitshaltung und vor allem die Motivation angeht.

Es gibt aber noch einen weiteren äußerst positiven Aspekt. Die Kinder entwickeln eine beachtliche Fähigkeit, Gespräche und Diskussionen offen, kritisch, einfühlsam und fair zu führen. Sie können andere ausreden lassen, ohne ihnen ins Wort zu fallen, und sich an eine Rednerliste halten, was selbst Erwachsenen häufig schwer fällt.

Wie steht es mit der Aufsichtspflicht?

Es gibt mehrere Kolleginnen auf meinem Flur, die mit ihren Klassen individuelle Pausen machen und nicht an der offiziellen Pausenregelung teilnehmen. Wir haben das Glück, dass die Lautsprecher für den Pausengong auf unserem Flur seit vielen Jahren nicht mehr funktionieren. Niemand war bisher an einer Reparaturmaßnahme interessiert. Für die hier befindlichen Klassen haben wir große Uhren angeschafft. Diese Uhren sind teilweise so groß wie Bahnhofsuhren und in verschiedenen Läden preiswert zu bekommen, und sie helfen uns und den Kindern bei der zeitlichen Regelung des Tagesablaufs.

Wenn ich eine neue Anfangsklasse übernehme, gehe ich in den ersten Wochen mit den Kindern gemeinsam auf den Spielplatz, um sie im Umgang miteinander zu beobachten. Kommen sie ohne größere Konflikte und aggressive Auseinandersetzungen zurecht, dürfen die Kinder, die sich lieber in der Klasse beschäftigen wollen, mit mir oben bleiben.

In den ersten Tagen schaue ich in kleineren Abständen nach draußen, um mich zu vergewissern, dass alles in Ordnung ist, und um den Kindern das Gefühl zu geben, dass ich weiterhin auf sie achte. Kommen die Kinder mit der ihnen zugestandenen Freiheit klar, so vergrößere ich die Abstände meiner Kontrollgänge und gewinne dadurch Zeit, mich um einige Kinder intensiver zu kümmern.

Fällt im Klassenraum ein Kind mit aggressiven Verhaltensweisen auf, nehme ich dieses Kind auf meinen Kontrollgang mit. Gibt es auf dem Spielplatz entsprechende Regelverletzungen, muss mich das betreffende Kind in den Klassenraum begleiten.

Bei schwerwiegenden Regelverstößen auf dem Spielplatz, die eine eigene Gefährdung oder die anderer Kinder zur Folge haben können, zum Beispiel mit Steinen oder Kastanien werfen, dürfen die betreffenden Kinder bis zu einer Woche nicht mehr allein auf den Spielplatz gehen. Da es sich in solchen Fällen meist um Kinder handelt, für die eine körperliche Bewegung die Voraussetzung für eine konzentrierte Unterrichtstätigkeit ist, müssen diese Kinder die festgelegten Pausenzeiten der Schule auf dem Pausenhof mit aufsichtsführenden Lehrern verbringen.

Danach darf das betreffende Kind wieder auf den Spielplatz, erhält aber eine Probezeit von einer Woche, in der keine Regelüberschreitungen vorkommen dürfen. Ein bis zwei Kinder, die sich abwechseln können, müssen sich an jedem Tag in der Probewoche für dieses Kind mitverantwortlich fühlen und notfalls versuchen, es mit verbalen Mitteln an unsere Regeln zu erinnern. In dieser Altersstufe klappt solch eine Vorgehensweise wunderbar. Ich vermeide es auch hier, den Kindern lange Predigten zu halten, bei denen sie sowieso nur selten zuhören oder sich gar die Ohren zuhalten.

Ich sage zu diesen Kindern lediglich: „Ich kann dich nicht auf den Spielplatz gehen lassen, weil ich mich nicht auf dich verlassen kann. Ich finde es auch schade, weil ich weiß, wie gern du auf unserem Spielplatz bist."

In unseren Gesprächskreisen wird dieses Thema ausführlicher besprochen und auf die Gefahrensituationen eingegangen. Dieses Gespräch betrifft aber alle Kinder, und da hören auch alle ohne Schwierigkeiten zu.

Wenn ich Kinder zur Selbstständigkeit und Verantwortung erziehen will, muss ich ihnen auch die Möglichkeit geben, diese zu erproben, ohne dass eine aufsichtführende Person in der Nähe ist. Das Kind muss aber das Gefühl haben, dass es beaufsichtigt wird (Kontrollgänge), und wissen, wo seine aufsichtführende Lehrerin zu finden ist. Kinder, die sich ständig körperlich gewalttätig auseinandersetzen und verletzen oder mit anderen unberechenbaren Verhaltensweisen sich selbst oder andere ernsthaft gefährden (zum Beispiel durch heimliches Spielen mit Feuer), dürfen nicht unbeaufsichtigt gelassen werden. Andernfalls hätte man im Falle eines Unfalles fahrlässig oder grob fahrlässig gehandelt.

Übernimmt man eine Klasse, die es bisher nicht gelernt hat, selbstständig zu arbeiten und zu handeln und Verantwortung zu übernehmen, kann man nicht erwarten, dass diese Schülerinnen und Schüler in der Lage sind, mit diesem Freiraum vernünftig umzugehen. Sie müssen erst behutsam dazu gebracht werden, sich neu zu orientieren.

Deshalb ist der Anfangsunterricht geradezu dazu prädestiniert, um mit offenen Unterrichtsformen zu beginnen, da alle Kinder mit dem schulischen Lernen anfangen und diese Art des Lernens ihren vor- und außerschulischen Lernformen mehr entspricht.

Die Kolleginnen, die sich nicht trauen, ihren Kindern eine „unbeaufsichtigte" Pause anzubieten, sollten nicht dazu gedrängt werden. Die Unsicherheit und Angst kann sich auf die Kinder übertragen, die ja selbst erst Sicherheit erfahren und Ängste abbauen müssen, und so zur Orientierungslosigkeit beitragen und letztlich ein Unfallrisiko erhöhen.

Untersuchungen einiger Versicherungen haben übrigens ergeben, dass Kinder im offenen Unterricht weder innerhalb des Klassenraumes noch in Pausensituationen auf dem Schulhof beziehungsweise Spielplatz unfallgefährdeter sind als in frontal geführten Klassen. Im Gegenteil, diese Kinder würden sich bei Gefahren angemessener verhalten.

3. Kinder und Lehrerin machen ihre Fibel selbst

Als ich vor vielen Jahren zum ersten Mal eine erste Klasse unterrichtete, war ich zunächst froh, dass ich mit einem Leselehrgang arbeiten konnte, der über ein sehr sorgfältig aufgebautes Handbuch verfügte. Das Handbuch hatte ich durchgearbeitet, bevor das Schuljahr begonnen hatte. Ich wusste also im Wesentlichen, worauf es ankam, erhielt Anregungen für die Unterrichtsgestaltung, Differenzierungshilfen und glaubte, hiermit eine Garantie für einen erfolgreichen Schriftspracherwerb zu bekommen.

Probleme hatte ich allerdings mit den festgelegten Zeitabläufen, in denen die Buchstaben eingeführt und verschiedene Teilfertigkeiten geübt werden sollten, weil die Kinder nicht über gleiche Lernvoraussetzungen verfügten. Dies traf in den vielen Jahren meiner Berufstätigkeit auf jede Klasse zu. Mir selbst einen Leselehrgang auszusuchen oder nach meinen Vorstellungen zusammenzustellen war zu dem Zeitpunkt an meiner Schule noch unüblich, weil sich die Lehrer der ersten Klassen auf einen für alle verbindlichen Lehrgang einigen sollten.

Die Texte der Fibeln, die zu „meinem" damaligen Leselehrgang gehörten, sprachen mich weder inhaltlich noch in der Gestaltung an. Sie waren belanglos und langweilig. Ich habe sie gar nicht erst ausgeteilt.

Die Lesekartei

Nach einigem Nachdenken besorgte ich mir diverse Fibeln unterschiedlicher Verlage, schnitt die Bilder beziehungsweise Fotos, die mir gefielen, heraus, klebte sie auf DIN-A5-Karteikarten und schrieb dazu passende Texte.

Auch Arbeitsbögen des Leselehrgangs, auf denen sich Bilder mit dazugehörigen Texten befanden, zerschnitt ich, ordnete sie teilweise anders an und klebte sie ebenfalls auf die Karteikarten. Nachdem ich auf diese Weise circa 50 Lesekarten fertiggestellt und in Prospekthüllen gesteckt hatte, versah ich sie mit einem Klebepunkt, auf dem die jeweilige Kartennummer stand. Mit steigender Kartennummer erhöhte sich der Schwierigkeitsgrad der zu lesenden Karten. Anschließend ordnete ich alle Lesekarten in einem passenden Karteikasten ein und stellte ihn meiner Klasse vor.

Schon nach kurzer Zeit erfreute sich dieser Lesekasten großer Beliebtheit. Die Lesemotivation stieg beträchtlich, die Lesekarten reichten nicht mehr aus.

Ich erweiterte das Angebot, indem ich aus Zeitschriften Fotos von Tieren, Nahrungsmittel und Spielzeugen ausschnitt und sie ebenfalls auf Karteikarten aufklebte, mit Texten versah, durchnummerierte und in einen weiteren Karteikasten einsortierte. Auch dieser Lesekasten wurde von den Kindern mit Begeisterung aufgenommen.

Damit ich nicht den Überblick verlor, welche Karten die Kinder schon gelesen hatten und mit welchem Erfolg, entwarf ich einen Leseausweis, den jedes Kind von mir geschenkt bekam.

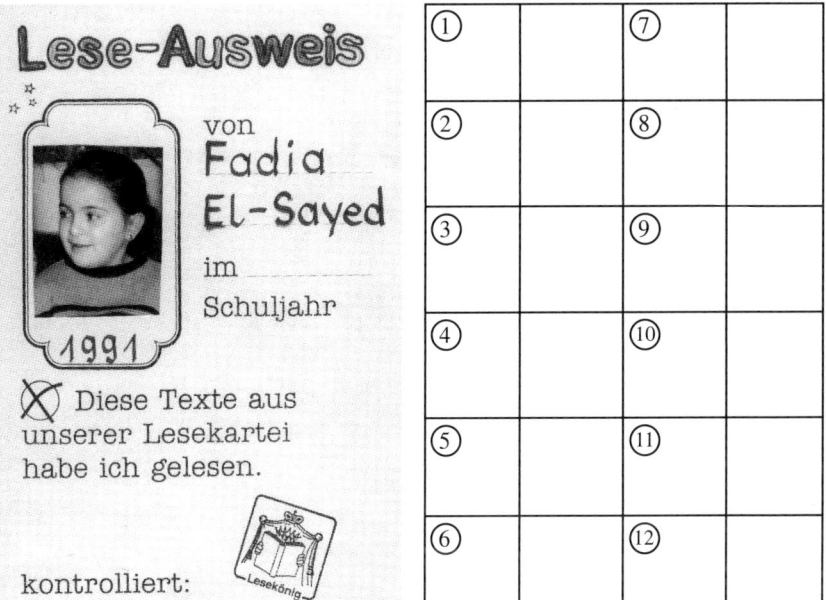

In diesem Leseausweis waren alle Nummern der Lesekarten aufgelistet, und die Kinder kreuzten nach erfolgreichem Lesen der Karten die betreffenden Nummern im Leseausweis an. Wenn sie diese Karten mir oder einer anderen erwachsenen Person vorgelesen hatten, wurde das von mir durch einen Motivstempel im Leseausweis und mit entsprechendem Datum dokumentiert.

Die Arbeitsbogen des Leselehrgangs sah ich noch einmal durch, wobei ich einige witzige Texte ausschnitt, ebenfalls auf Karteikarten klebte beziehungsweise diese Texte mit der Hand in markanter großer Schrift abschrieb oder sie mit dem Kopierer vergrößerte. Übrigens: Die Rückseiten der restlichen Bogen ließ ich als „Schmierpapier" benutzen. Inzwischen nenne ich es treffender „Konzeptpapier", um den Wert der Arbeit nicht unnötig herabzuwürdigen.

Die Freude, die die Kinder an dieser entstandenen Lesekartei zeigten, bewog mich, einen dritten Lesekasten zu bestücken. Ich verwendete nun diverse

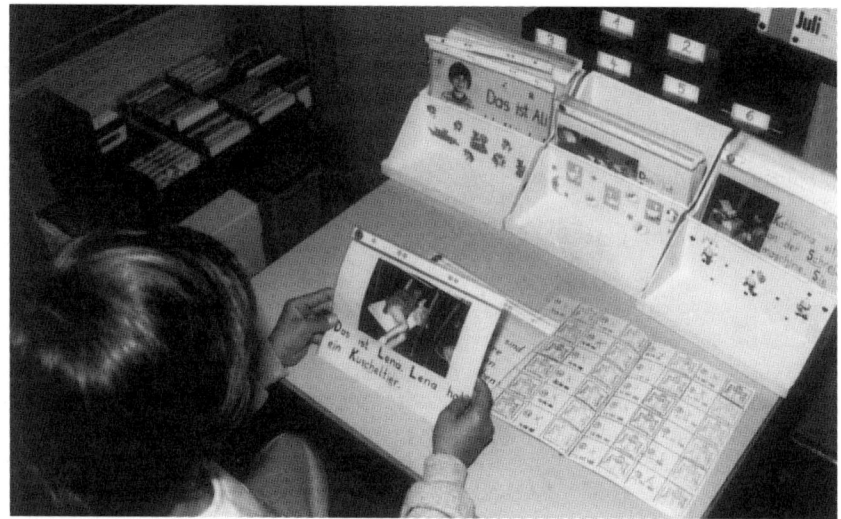

Fotos, die ich im Laufe der Zeit von den Kindern bei unterschiedlichen Aktivitäten gemacht hatte. Dieser Lesekasten entwickelte sich zum absoluten „Renner". Da ich damals noch Wert darauf legte, dass die Kinder nach der Reihenfolge der Kästen und Karten vorgehen sollten, lasen sie sich unermüdlich durch die ersten beiden Kästen hindurch, um endlich in den Genuss des dritten Lesekastens zu kommen.

Für die Buchstaben, die noch nicht „offiziell" eingeführt wurden, suchte ich mir aus unterschiedlichen Kopiervorlagen dazu passende Arbeitsbögen heraus, veränderte sie oder fertigte eigene an. Es stellte sich heraus, dass die Lesekarten mit den Fotos der Kinder die größte Lesemotivation auslösten, die ich bis dahin erlebt hatte.

Auch in meinen Nachfolgeklassen habe ich mit klasseneigenen Lesekarteien gearbeitet, bestehe aber nicht mehr darauf, dass die Reihenfolge eingehalten werden muss. Die meisten Kinder tun dies allerdings trotzdem, jedoch von sich aus.

Bei der Herstellung gehe ich jetzt zielgerichteter vor, ich achte nun beim Fotografieren zum Beispiel stärker darauf, dass sich auch wirklich alle Kinder bei unterschiedlichen Aktivitäten auf den Fotos wiederfinden können. Ich fotografiere in der Klasse, auf Ausflügen, in Pausen- und Konfliktsituationen, Tiere, Pflanzen usw.

Die Lesekartei besteht weiterhin aus drei Kästen, die nun nach Schwierigkeitsgraden eingerichtet werden: der erste Kasten mit 48 grünen Karten (leichter Schwierigkeitsgrad), der zweite Kasten mit 48 blauen Karten (mittlerer Schwierigkeitsgrad), der dritte Kasten mit 48 rosafarbenen Karten (schwierige Texte).

Von der Lesemotivation und Konzentration einer Schülerin – Maxie ist ihr Name – war ich so beeindruckt, dass ich über sie einen Lesetext verfasste. Weil das Vorlesen dieser kleinen Geschichte bei allen Kindern große Begeisterung auslöste, entschied ich, über jedes Kind eine kurze Geschichte zu schreiben. Damit hatte ich mich jedoch total überfordert. In den Genuss eines eigenen Lesetextes sind nur wenige Kinder gekommen.

1

Lesemaus Maxie

Das ist Maxie, unsere Lesemaus.

Maxie ist 6 Jahre alt.

Sie geht schon in die Schule.

Schule findet sie super.

2

Maxie will singen.
Maxie will malen.

Maxie will spielen.
Maxie will turnen.

Maxie will schreiben.
Maxie will rechnen.

Maxie will Quatsch machen und lachen.

3

Aber heute will sie nur lesen.

Maxie hat sich die Lesekarten geholt.

Maxie will vorlesen. Simona hört zu. Maxie liest ganz viele Lesekarten.

Sie will nicht mehr aufhören. Maxie liest und liest.

Simona ist schon ganz müde.

4

Aber Maxie will immer noch lesen.

Auf einmal hört Lisa ein Schnarchen.

Nanu, was ist denn das?

Wer schnarcht denn in der Schule?

Alle Kinder sind leise. Alle hören Maxie.

Maxie schnarcht aber nicht. Maxie liest unsere Lesekarten.

5

Lisa ruft: Ist hier ein Gespenst? Ist hier ein schnarchendes Gespenst?

Alle suchen nun den Schnarcher. Nur Maxie sucht nicht. Maxie liest weiter.

Maxie liest und liest.

Auf einmal wird das Schnarchen immer lauter.

Lisa geht in die Leseecke.

6

Lisa ruft: Da sind ja zwei Schnarcher!

Maxie und Simona schlafen. Maxie und Simona schnarchen.

Maxies Kopf liegt auf dem Tisch. Maxie hat zwei Stunden gelesen.

Simonas Kopf liegt auf dem Tisch. Simona hat zwei Stunden zugehört.

7

Beide haben einen Traum.

Simona träumt von der Lesemaus Maxie.

Maxie träumt von den Lesekarten.

Da kommt ein kleiner Kanarienvogel geflogen.

8

Er setzt sich auf Maxies Kopf und singt:

„Liebe Maxie, der Traum ist nun vorbei.

Ich fliege mit dir in die Mensa.

Da gibt es Lesekarten mit Kartoffelbrei."

Auwei! Auwei!

Das ist
Konstantin.
Konstantin rollt
Farbe auf die
Buchstaben.
Das kann er schon ganz prima.

Nikolas und
Konstantin
arbeiten.
Sie schneiden
die Äpfel in
kleine Stücke.

Das ist Konstantin.
Konstantin rollt Farbe
auf die Buchstaben.
Das kann er schon
ganz gut.

Nikolas und Konstantin
arbeiten.
Sie schneiden die
Äpfel in kleine Stücke.

In allen drei Lesekästen befinden sich inzwischen auch Rätselkarten, die sehr beliebt sind und mit denen das sinnerfassende Lesen überprüft wird.

Dazu passend erhält jedes Kind einen Leseausweis, der nach dem gleichen Prinzip aufgebaut ist: grüne, blaue und rosafarbene Seiten mit jeweils 48 Feldern zum Ankreuzen und Gegenstempeln.

Nach erfolgreichem Lesen dokumentiert nun ein Stempel mit dem Bild eines Lesekönigs beziehungsweise einer Lesekönigin von mir die Fortschritte. Das jeweilige Datum stempeln die Kinder mit einem Datumstempel in das daneben liegende Feld. Wer seinen Leseausweis völlig abgestempelt hat, wird zum Lesekönig beziehungsweise zur Lesekönigin gekürt und bekommt von mir ein kleines Büchlein mit einer Widmung geschenkt, was ein überaus großer Anreiz ist, sich mit Eifer und Geduld durch die vielen Karten hindurchzulesen. Wer den Feudaltitel scheut, kann auch die Begriffe „Lesemeister" beziehungsweise „-meisterin" verwenden.

Auf der Rückseite der Lesekarten stehen die gleichen Texte in verbundener Schrift, so dass diese Kartei auch noch im zweiten Schuljahr als Lese- oder Schreibkartei zu verwenden ist.

Obwohl die Erstellung der Lesekartei recht arbeitsintensiv ist, würde ich die Mühe nicht scheuen, für meine neuen Schulanfänger wieder eine individuelle Lesekartei herzustellen. So geht es inzwischen vielen Kolleginnen, die ebenfalls zu dieser Arbeitsweise übergegangen sind und dabei feststellen, dass diese Arbeit mit viel Spaß verbunden und auch für sie selbst kreativ ist. Bei einer Befragung der Kinder, mit welchen Lesematerialien sie besonders gerne lesen, waren sich die meisten Kinder einig. Die Lesekartei im Anfangsleseunterricht steht an erster Stelle. Als Gründe werden von den Kindern genannt: „Da ist alles so echt drauf! Da bin ich drauf oder meine Freunde! Die Schrift ist so schön groß und dick! Da steht alles von unserer Klasse, was wir wirklich gemacht haben!" Leseschwache Kinder schätzen es, dass in allen Kästen Karten mit kurzen Texten zu finden sind.

Der Leseausweis ist ein ebenfalls nicht zu übersehener „Motivationskick". Die Freude über ihre Erfolge des überschaubaren Abarbeitens ihrer Lesekartei und die anschließende Ernennung zur Lesekönigin oder zum Lesekönig ist groß. Inzwischen schreibe ich die Lesekarten mit dem Computer und kann ausprobieren, welche Schriftart und Schriftgröße, ob mit oder ohne Lineatur beziehungsweise welche unterschiedlichen Lineaturen von den Kindern bevorzugt werden.

Wann kommt die Lesekartei zum Einsatz?

Kinder, die den Wunsch äußern, jetzt, und zwar sofort das Lesen zu erlernen, jedoch über gar keine oder sehr wenige Buchstabenkenntnisse verfügen und denen das Prinzip der Synthese noch nicht vertraut ist, rate ich, mit der Lesekartei noch ein bisschen zu warten. Diesen Kindern biete ich das Lesen von Wörtern mit dem Leseturm (s. unten), der Setzleiste (s. S. 59) oder mit dem Leseschieber an, die eine Möglichkeit der Eigenkontrolle bieten.

Zu diesen Medien habe ich mir ein umfangreiches Wortmaterial hergestellt (kann auch aus Freiarbeitsmaterialien entnommen werden). Da der Unterricht

bei mir von Anfang an überwiegend in Form von Freiarbeit verläuft und die Kinder wählen dürfen, ob sie zuerst das Rechnen, das Lesen oder Schreiben erlernen wollen, und den Zeitpunkt des Beginns selbst bestimmen dürfen, werden bei mir Buchstaben nicht mehr so eingeführt, wie wir es von einem Fibellehrgang kennen.

Die Kinder werden nach ihren Vorlieben in verschiedene Gruppen eingeteilt und können sich in zeitlicher Absprache mit mir in die „Geheimnisse" des Lesens, Schreibens und Rechnens einweihen lassen, während die restlichen Kinder in der Klasse anderen freigewählten Tätigkeiten (malen, spielen, basteln) nachgehen.

Entsprechende Angebote müssen selbstverständlich bereitliegen und von den Kindern ohne größere Hilfestellungen bearbeitet werden können, damit ich mich intensiv um eine Lerngruppe kümmern kann. Den Kindern, die neugierig auf das Lesenlernen sind, erkläre ich zunächst die Funktionsweise der Buchstabentabelle, die als Anlauttabelle benutzt wird und mit der das Kind recht schnell selbstständig das Lesen erlernen kann. Spiele zum Umgang mit der Anlauttabelle, zur Klärung der Begriffe, zum visuellen Zurechtfinden und schnellen Auffinden der Anlaute sowie Zuordnen der Bilder werden meist mit der gesamten Klasse oder in einer Teilgruppe gespielt.

Sehr viel Spaß machen ihnen auch Wortspiele, in denen man den Anlaut auslässt, zum Beispiel bei den Namen der Kinder: Wo ist -isa <Lisa>, -ax <Max>, -oritz <Moritz> usw.? Dieses Rätselspiel lässt sich auch mit Tiernamen, Namen von Kleidungsstücken und Ähnlichem spielen, wobei nach ein bisschen Übung auch die Kinder nach dem Anlaut fragen können.

Später wird das Anlauträtsel zum Endlauträtsel. Auch ausgelassene Mittellaute können erraten werden. Wortspiele solcher Art lösen bei meinen Kindern immer große Begeisterung aus und sind eine hervorragende Übung zum Heraushören von Lauten.

Sehr beliebt ist das Bingospiel (s. Foto S. 36), das man sich aus jeder Anlauttabelle selbst herstellen kann und mit dem sehr viele Kinder zur gleichen Zeit spielen können.

Lesestrategien

Kinder mit Konzentrationsproblemen oder geringer Merkfähigkeit bauen sich häufig ihre eigene Brücke, um die vielen Buchstaben zu behalten. So hatte zum Beispiel Danijel oft große Mühe, sich den Klang einiger Buchstaben ins Gedächtnis zu rufen. In derartigen Situationen las er folgendermaßen:

Hase <H-Hexe-a-Ha-Sonne-s-Has-Esel-e; Hase>

Er orientierte sich an den von ihm gespeicherten Bildern unserer Anlauttabelle, die er mit den dazugehörigen Buchstaben im Zusammenhang erinnerte. Als ich ihn das erste Mal so lesen hörte, war ich völlig verwirrt, bis ich seine Strategie erkannt hatte. Beim Schreiben seiner ersten Wörter verfuhr er ebenso. Nach diesem für mich interessanten Ereignis verfolgte ich den Leselernprozess meiner Schülerinnen und Schüler mit noch größerer Aufmerksamkeit und stellte fest, dass ihre Lesestrategien sehr vielfältig sind. Um die Vielfalt der Lesestrategien näher kennenzulernen, begann ich damit, Kinder zu verschiedenen Zeitpunkten ihrer Leseentwicklung beim Erlesen von Wörtern und Texten auf Tonband aufzunehmen.

Bei der Benutzung eines Fibellehrgangs hätte ich diese Erkenntnisse sicherlich nicht gewinnen können. Ich hätte meinen Schülern mit großer Sicherheit meine eigene Strategie nahe gebracht und nur bei besonders „hartnäckigen Fällen" eine andere Herangehensweise angeboten. Es ist für mich immer wieder spannend, die verschiedenartigen Lesestrategien zu beobachten.

Die meisten Kinder meiner bisherigen Klassen haben die gesamte Lesekartei (150 Lesekarten) bereits vor dem ersten Halbjahr der 1. Klasse abgeschlossen und lesen mit großem Interesse die Bücher unserer klasseneigenen Klassenbibliothek sinnentnehmend. Sie sind daran interessiert, ihre Lesegeschwindigkeit zu steigern, und legen zu diesem Zeitpunkt zunehmend Wert darauf, mit Betonung zu lesen.

Die letzten Kinder, meist sind es nur drei oder vier, haben die Lesekartei am Ende der 1. Klasse abgeschlossen und benötigen noch ein wenig mehr Betreuung und Beratung, zum Beispiel bei der Auswahl ihrer Lesestoffe. Diese Kinder brauchen häufig noch einen geduldigen und interessierten erwachsenen Zuhörer, der ihnen beim Erlesen etwas schwieriger Wörter behilflich ist und ihnen kleine Tricks und Tipps vermittelt.

Die Kinder, die sich im Lesen selbst hergestellter oder käuflicher Bücher üben wollen, erhalten einen zusätzlichen Leseausweis, in den die Titel und das jeweilige Datum von ihnen selbst oder von mir eingetragen werden. Dass die Lesefähigkeit der Kinder so rasch voranschreitet, steht meines Erachtens in engem Zusammenhang mit der von den Lesekarteikarten ausgehenden hohen Motivation.

Vorlesen

Eine Ursache dafür, dass Kinder immer weniger zu Büchern greifen, obwohl sie bei Schuleintritt ein besonders großes Interesse am Lesenlernen äußern, sehe ich darin, dass nur wenige Kinder über häusliche Vorleseerfahrungen verfügen: Das Lesen selbst können sie nicht mit Geborgenheit und positiven Gefühlen verbinden. Seit einigen Jahren versuche ich, diesen Mangel in meinen Klassen durch fest eingeplante Vorlesezeiten an jedem Tag und in gemütlicher Atmosphäre auszugleichen. Die Kinder sitzen auf dem Boden oder auf Tischen um mich herum.

Wichtig ist, dass jedes Kind es sich bequem machen und jeder gut sehen kann. Den Kindern, die wegen innerer Unruhe und Konzentrationsstörungen beim Zuhören stark beeinträchtigt sind, biete ich an, sich neben mich zu setzen. So kann ich sie während des Vorlesens kurz in den Arm nehmen, leise beschwichtigen, ihre Hand halten oder über den Kopf streichen. In diesen Situationen erlebe ich immer wieder, dass diese Kinder aufgrund der Nähe und emotionalen Zuwendung zur Ruhe kommen und entspannen. Das lästige Ermahnen entfällt, und die Geduld der übrigen Kinder wird nicht strapaziert.

Ich bereite die Kinder von Anfang an darauf vor, die Auswahl für ein Bilderbuch oder ein Geschichtenbuch, das ich vorlesen soll, zu treffen. Ich stelle den Kindern ganz kurz die Themen der jeweiligen Bücher vor und manchmal gebe ich ihnen auch eine kleine inhaltliche Beschreibung. Anfangs dürfen sie zwischen zwei Bilderbüchern wählen, später kommen Geschichtenbücher hinzu und die Anzahl wird erweitert.

Der Leseort

Kinder, die sich in das Geheimnis des Lesenlernens einweihen lassen möchten, sind nicht an einen bestimmten Platz gebunden, obwohl es für die allerersten Leselernerfahrungen einen sogenannten Stammplatz gibt. An diesem Platz befinden sich nämlich unsere auf DIN A1 vergrößerte Buchstabentabelle und einige Lesematerialien, für die ein fester Platz aus Ordnungsgründen oder Transportproblemen angebracht ist. Eine feste Regel ist, dass Kinder und auch ich an diesem Platz nicht gestört werden dürfen. Nichts ist anstrengender für das betreffende Kind, als wenn es in seinen Bemühungen, erste Worte zu entziffern, unterbrochen wird und dadurch immer wieder von vorn beginnen muss. Da diese Regel für alle Kinder gilt, die lesen oder schreiben lernen wollen, und somit jeder in den Genuss intensiver, ungestörter Zuwendung kommt, treten „Regelverstöße" im Allgemeinen nur selten auf.

Es gibt aber auch andere Plätze, die nicht an eine bestimmte Lerntätigkeit gebunden sind und an denen auch die Kinder ungestörte Aufmerksamkeit von mir erfahren. Sind die Kinder über das Wörtererlesen hinaus, werden andere Leseplätze bevorzugt, zum Beispiel die Bücherecke oder unser großes Kuscheltier „King Kong", auf dem man es sich gemütlich machen kann, was auch ich gerne tue.

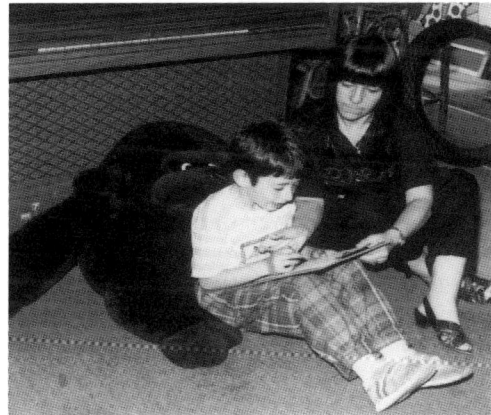

Buchstabenspiele – der Buchstabe der Woche

Anlautspiele, Übungen zur Lautunterscheidung, zum Bekanntmachen oder Festigen der Buchstaben, deren Schreibverläufe, Buchstabengeschichten, Gedichte, Lieder oder Spiele erfolgen bei mir im ersten Schuljahr in unserer täglich stattfindenden Klassenversammlung am Morgen, aber auch mal zwischendurch. Da Buchstaben bei einem individuellen Leselernprozess nicht für alle Kinder gleichzeitig eingeführt werden können, ich aber trotzdem an einer gemeinsamen Arbeit und Sensibilisierung im Umgang mit Buchstaben mit allen Kindern der Klasse interessiert bin, wird wöchentlich oder zweiwöchentlich ein Buchstabe genauer unter die Lupe genommen und gefeiert.

Im Mittelpunkt dieser Phase steht unser „Dickwanst", der eine Woche lang von den Kindern mit Gegenständen gefüttert wird, die mit einem bestimmten Buchstabenlaut beginnen. Der Dickwanst ist ein Kopfkissenbezug mit einer Kordel zum Auf- und Zuziehen. Zwei ausgeschnittene Augen, Mund und Nase aus Filz wurden aufgenäht, damit er etwas lustiger aussieht.

Bei Beginn dieser Aktion wähle ich den ersten Buchstaben meist so aus, dass er im Zusammenhang mit einem gemeinsamen Erlebnis oder einem jahreszeitlichen Ereignis steht. Begonnen wird jeweils an einem Montag. Das kann zum Beispiel im Dezember der Buchstabe W sein: Wir warten auf Weihnachten, und es ist Winter. Für die Einstimmung suche ich mir eine weihnachtliche Geschichte zum Vorlesen aus. Wir lernen ein Weihnachtsgedicht und Weihnachtslieder, sammeln Weihnachts- und Winterwörter in Form eines Brainstormings, suchen nach dazu passenden Bildkarten, die ich mir zu jedem Buchstaben mittels Kopiervorlagen umfangreich hergestellt habe.

Wir klären, was Wörter sind, woher sie kommen und was man mit ihnen alles machen kann. Danach begeben wir uns auf die Suche nach W-Wörtern. Von nun an soll der Dickwanst mit Gegenständen gefüttert werden, die mit **W** beginnen. Während dieser Zeit erhalten die Kinder viel Zeit, sich mit dem W auf unterschiedlichste Weise, mit allen Sinnen zu beschäftigen. Ich zeige ihnen den Schreibverlauf. Auf großen und kleinen Papieren ohne Linien können sie mit bunten dicken Stiften, mit Kreide, Pinsel, mit Knete, Teig, Bleischnur, Wolle usw. **W**s malen, formen, ausschneiden, legen oder ausmalen. Auch Stöpselkarten zum Bestimmen der Stellung des Lautes **W** und Arbeitsbogen werden angeboten. Aus einem Seil wird ein **W** gelegt und barfuß in der Schreibrichtung abgelaufen, Samt- und Sandpapierbuchstaben werden mit verbundenen Augen erfühlt, im Sandkasten nachgespurt usw. Dies alles sind Angebote, die selbstverständlich nicht von allen Kindern durchgeführt werden müssen. Bevor der nächste Buchstabe ausgesucht wird, gibt es am Ende der festgesetzten Dauer ein Buchstabenfest, das wir in diesem Fall mit Wiener Würstchen und selbstgemachtem Wackelpudding gefeiert haben.

Jeweils an einem Montag wird der Buchstabe der Woche ausgesucht. Von da an haben die Kinder bis zum Freitag Zeit, Gegenstände aus dem Klassenraum zu suchen und von zu Hause mitzubringen, um diese möglichst unbemerkt von anderen Kindern in den Dickwanst zu stecken. Je nachdem wie viel die jeweiligen Buchstaben zum Füttern hergeben, ist er bis zum Platzen voll, also dick und fett oder schlank bis dünn. Am Freitag während unserer Klassenversammlung wird der Dickwanst von den Kindern abwechselnd geleert. Die Gegenstände werden auf einen kleinen Teppich gelegt, neben dem der entsprechende Buchstabe ebenfalls liegt. Ist der Dickwanst leer, wird überprüft, ob alles richtig ist.

Übrigens kommen einige Kinder recht schnell auf die Idee, Gegenstände, die nicht mitgebracht werden dürfen oder können, aufzumalen und später auch aufzuschreiben. Ein Kind hatte unser Bilderlexikon für diesen Zweck entdeckt und, unbemerkt von allen, sämtliche dort aufgeführten Wörter mit dem gesuchten Anlaut abgemalt oder zu Hause aus anderen Büchern (ohne sie unbedingt lesen zu können) abgeschrieben.

Danach werden die Dinge von den Kindern nach Oberbegriffen geordnet, gezählt und anfangs von mir, später von den Kindern aufgeschrieben.

Im Anschluss beginne ich eine Phantasiegeschichte zu erzählen, in der möglichst alle gesammelten Dinge vorkommen sollen. Dabei achte ich darauf, dass allmählich auch die Kinder der Klasse sprachlich einbezogen werden. Häufig lassen die mitgebrachten Dinge nur eine Unsinnsgeschichte zu, was von den Kindern, aber auch von mir als befreiend erlebt wird. Dadurch ist meine eigene Erzählfreude erheblich gestiegen.

Meine erzählten Unsinnsgeschichten gehören inzwischen für die Kinder und mich zu den vergnüglichsten Unterrichtsstunden. Die Aufmerksamkeit, Konzentration und Ausdauer, die Kinder hierbei aufbringen können, ist beeindruckend. Sie tauchen teilweise so tief in die Geschichte ein, gehen so stark mit, dass auch unruhige Kinder sich nicht mehr ablenken lassen. Manchmal sind wir so albern dabei, dass aller vorherige Ärger, Streitereien und Ähnliches völlig vergessen sind. Wenn sich nur wenige Kinder beteiligen, benutze ich ein kleines mit Reis gefülltes Wurfsäckchen oder besser noch einen „Squash Ball", der sich hervorragend greifen beziehungsweise fangen lässt. Den Ball werfe ich einzelnen Kindern zu. Fällt ihnen nichts ein, so werfen sie ihn mir wieder zurück.

Eine Geschichte zu dem Anlaut „L" leitete ich folgendermaßen ein:

„Es war einmal ein Lippenstift. Der lebte in einem Kosmetiktäschchen und sah nur selten das Licht." Nun stellte ich die Frage: „Wem gehörte der Lippenstift?" und warf den Ball zu einem Kind.

Kind: „Der Linda!" (wirft den Ball zu mir.)

„Eines Tages vergaß Linda nach dem Schminken ihr Kosmetiktäschchen zu verschließen, und der Lippenstift riss aus. Er kletterte zum Fenster hinaus und sah ...?"

Kind: „Einen Luftballon."

„Welche Farbe hat der Luftballon?"

Kind: „Rot."

„Der rote Luftballon flog zu dem Fenster, wo der Lippenstift auf dem Blumenkasten stand, und fragte den Lippenstift ...?"

Kind: „Willst du mit mir einen Ausflug machen?"

„Da freute sich der Lippenstift. Er hielt sich an dem roten Luftballon fest und beide flogen zu ..." usw.

Will ein Kind also in die Geschichte sprachlich mit einsteigen, macht es sich nach einer zuvor ausgemachten Regel bemerkbar, bekommt von mir den Ball zugeworfen und beendet den Satz oder erzählt weiter, wobei die vor ihm liegenden Gegenstände oder Bildkarten eine Hilfe sind. Weiß das Kind nicht mehr weiter, so wirft es das Säckchen wieder zu mir oder zu einem anderen Kind zurück. Bei der Einführung solcher Erzähltechniken hat es sich als günstig erwiesen, dass der Ball zunächst immer wieder zu mir zurückgeworfen werden muss. Ich setze dann die Geschichte mit einem weiteren Satz fort, den ich ein anderes Kind beenden lasse.

Einige dieser Geschichten nehme ich auch auf Tonband auf und tippe sie im Anschluss ab, vervielfältige sie für alle und lasse die Kinder, wenn sie mögen, ein Bild dazu malen. Die Geschichte kommt dann in die Eigenfibel und in das Geschichtenbuch der Klasse. Oftmals werden diese Geschichten auch von den Kindern Satz für Satz mit der Druckerei gesetzt oder abgetippt und nach der Vervielfältigung zu Büchern gebunden, die mit nach Hause genommen werden dürfen. Ein Exemplar bekommt seinen Platz in unserer Bücherecke.

Ist diese Geschichte beendet, packen die Kinder ihre mitgebrachten Gegenstände wieder weg. Wer die meisten Gegenstände zu einem Buchstaben gefunden hat, darf den Buchstaben für die nächste Woche aussuchen. In Klassen mit wenig Frustrationstoleranz überlege ich mir andere Kriterien der Reihenfolge.

In einem Jahr legten die Kinder bei mir großen Wert darauf, bei der Auswahl nach dem Alphabet vorzugehen. Das hatte für mich den entschcidenden Vorteil, die Vorbereitungen leichter und stressfreier planen zu können. In diesem Fall durfte das Kind mit den meisten mitgebrachten Gegenständen die zum Buchstaben passende Aktivität aussuchen, also bei P zum Beispiel Pommes, Pudding oder Pizza zubereiten. Vorschläge werden von der gesamten Klasse, manchmal auch von den Eltern gemacht. Bei Z sind wir einmal in den Zoo gegangen, und ein anderes Mal haben wir mit dem Z so lange gewartet, bis wir in einen Zirkus gehen konnten. Der Phantasie sind keine Grenzen gesetzt.

Zu jedem Buchstaben gibt es ein kleines Buchstabenheft für jedes Kind zum Nachspuren der Wörter. Ich habe mir vor einiger Zeit dafür Kopiervorlagen angefertigt. Inzwischen bin ich dazu übergegangen, die Kinder mit den jeweiligen Buchstaben über entsprechende Buchstabengeschichten bekannt zu machen. Eine gute Sammlung solcher Geschichten und Gedichte habe ich in dem Buch „Lesen lernen mit links" von Christine Buchner gefunden.

Leseprobleme

Wenn wir Erwachsenen ein Buch langweilig oder uninteressant finden, hören wir auf darin zu lesen und legen es weg. Diese Möglichkeit hat ein Schulanfänger mit der Fibel nicht. Mir wird immer deutlicher, dass Fibeln aufgrund ihrer beschränkten Wortwahl den Kindern nicht gerecht werden. Die sich dauernd wiederholenden Wörter versetzen sie in den Stand eines Kleinkindes, das gerade das Sprechen lernt. Die Texte entsprechen nicht ihrem Sprachgebrauch und die Fibelsprache wird als Babysprache empfunden.

Die Ablehnung der Fibel durch die Kinder kann zu Leseproblemen wie Blockierung, Schwinden der Lesemotivation oder Langeweile führen. Wie weit das gehen kann, habe ich bei einem Jungen erlebt, der sich sehr auf die Schule und vor allem auf das Lesenlernen gefreut hat. Die Lesetexte sprachen seine Gefühle und Gedanken überhaupt nicht an und waren für ihn völlig nichtssagend. Nach einem halben Jahr war die gesamte Schule ihm geradezu verhasst. Die Abneigung gegen die Lesetexte hatte sich auf den gesamten Unterricht übertragen; auch sein fünfjähriger Bruder war bereits negativ beeinflusst.

Den Eltern riet ich, ihm ein eigenes Lesebuch aus selbst gefertigten Texten, zum Beispiel zu Urlaubsfotos, zu machen. Was aber ist mit den Kindern, die auf keine häusliche Unterstützung bauen können?

Michaela, ein Mädchen mit großen Versagensängsten, drückte sich sehr lange vor dem Lesenlernen. Sie hörte zwar mit Bewunderung und Ausdauer anderen Kindern zu, die mir etwas vorlasen, wich aber immer ängstlich aus und hatte Tränen in den Augen, wenn die anderen Kinder oder ich sie ansprachen und fragten, ob sie nicht auch einmal probieren wolle zu lesen.

Alle anderen Kinder konnten bereits lesen. Viele von ihnen lasen sehr gut, sinnerfassend und fließend, auch längere unbekannte Texte. Michaela vermied alle Tätigkeiten, die für sie neu waren und von denen sie glaubte, sie könne das nicht oder nicht gut genug. Auch zu Hause zeigte sie schon lange vor der Einschulung dieses Verhalten. Es schien, als sei sie von ihrem Glaubensmuster gefangen. Ihr Ausweichverhalten wurde zu Hause und später von mir und den Kindern meiner Klasse zunächst ebenfalls respektiert, da Michaela auf jeglichen Druck mit Neurodermitis reagierte.

Weil Michaela mich sehr mochte, mir auch vertraute und ich guten Kontakt zu ihren Eltern hatte, entschloss ich mich zu einem Versuch, den ich sicherlich nicht sorglos tat und insgesamt auch durchaus für problematisch halte. Als die Kinder zur großen Pause auf unseren Spielplatz gehen wollten, hielt ich Michaela zurück, nahm sie in den Arm und erklärte ihr, dass ich jetzt in dieser Pause gern versuchen möchte, mit ihr zu lesen. Sie war erschrocken, bekam fieberrote Wangen und die Tränen rollten sofort. Sie tat mir leid. Ich versuchte sie zu beruhigen, indem ich ihr versicherte, dass sie es ja nur mal versuchen sollte. Drei „Versuchs-Wörter" hatte ich mir gewünscht und gesagt, dass ich sehr sicher sei, dass sie es schaffe, diese Wörter zu erlesen. Falls sie aber keines der drei Wörter erlesen könne, sei das auch nicht schlimm. Ich würde sie dann in Ruhe lassen, wenn sie es möchte. Falls sie aber Lust hätte, es wieder einmal zu versuchen, so solle sie mich das wissen lassen.

Ich schaltete das Tonband an – jedes Kind besaß eine eigene Lesekassette – und sagte: „Hier spricht die mutige Michaela." Dann interviewte ich sie, fragte nach ihrem Alter, nach ihrem Lieblingsessen usw. und lenkte sie so ein wenig ab. Dann zeigte ich ihr das erste Wort „Nase". Mit Hilfe der Anlauttabelle fand sie alle Buchstaben ohne Probleme heraus, was sie sehr überraschte. Nun kam die Synthese. Die Tränen standen noch in ihren Augen, doch nach kurzer Zeit, etwas stockend und sehr unsicher, war das erste Wort gelesen. Sie konnte es kaum glauben.

Ich freute mich natürlich riesig und sagte, dass sie es geschafft hätte und sofort aufhören könne, wenn sie es möchte. Sie erklärte sich aber bereit, das nächste Wort in Angriff zu nehmen. So erlas sie sich noch folgende Wörter: Hase, Hose, Hut, Mama, Papa, Salat, Tomate und Auto. Als sie das Wort „Hut" gelesen hatte und ich ihr erklärte, dass sie bereits vier Wörter gelesen hätte, fing sie an zu lächeln und aus ihren Trauertränen wurden Freudentränen. Nach neun Wörtern wollte sie aufhören, am nächsten Tag aber weitermachen. Das hatte sicher auch damit zu tun, dass gerade die ersten Kinder von der Pause hochkamen.

Das Lesen hatte sie sehr angestrengt, aber so aufgekratzt und voller Freude hatte ich Michaela noch nie erlebt. Sie erzählte allen Mitschülern, die große Anteilnahme und Bewunderung zeigten, von ihrem Erfolg. Auch ihren Eltern hat sie voller Stolz und Begeisterung von ihren ersten Leseversuchen berichtet. Am Abend rief ich vorsichtshalber bei ihren Eltern zu Hause an. Ich wollte sie über Michaelas Erfolg und von meiner Verfahrensweise unterrichten. Michaela hatte ihren Eltern nur von ihrer geglückten Leseleistung erzählt, nichts aber über ihren anfänglichen Kummer oder Tränen. Ich bat sie, mich in Kenntnis zu setzen, falls Michaela in den nächsten Tagen über Schulunlust, Bauchschmerzen oder Ähnliches klagen oder ihre Neurodermitis wieder aufbrechen würde. Nichts dergleichen war geschehen. Es ging mit Michaela nur noch bergauf. Sie wich auch in anderen Bereichen neuen Aufgabenstellungen immer weniger aus. Michaela entwickelte sich zu einer begeisterten Leserin. Am Ende der ersten Klasse sagte mir Michaela etwas nachdenklich: „Schade, ich habe gar nicht gemerkt, wie ich Lesen gelernt habe."

Ich bin in Michaelas Fall inzwischen sicher, dass mein Vorgehen zu dem Zeitpunkt richtig war.

Rebana, ein Kind, das sehr schnell und ohne Probleme das Lesen erlernte und begeistert Briefe und Geschichten schrieb, saß mir gegenüber, während ich für ein anderes Kind etwas aufschrieb. Sie versuchte, den Text, der für sie ja auf dem Kopf geschrieben stand, zu entziffern. Es gelang ihr ohne Mühe. Sie sagte etwas versonnen: „Lesen macht Spaß, nich'?" Und dann: „Ich glaube, Lesen macht richtig Spaß!" Rebana befand sich gerade zwischen zwei Lesestufen. Die Lesestufe, auf der das Lesen noch eine anstrengende Tätigkeit ist, nämlich das Meistern einer Technik und Entschlüsseln des Textes auf den Sinngehalt, hatte sie gerade verlassen. Mit der Technik brauchte sie sich nicht mehr auseinanderzusetzen. Sie begann inzwischen, mit Betonung zu lesen, konnte sich über die Inhalte der Geschichten, die sie las, amüsieren und nachdenken. Sie stellte zu diesem Zeitpunkt selbst fest, dass sich ihre Lesefähigkeit verändert hatte, und fand für sich heraus, dass ihr das Lesen zwar von Anfang an Spaß bereitet hatte, dass der Genuss aber erst mit der steigenden Lesefähigkeit, also dem Lesen ohne Anstrengung, eintreten kann, und dass erst die Sinnentnahme für den richtigen Spaß sorgt.

4. Interesse am Schreiben wecken

Klassentagebuch

In meinen allmorgendlichen Klassenversammlungen, in denen es immer eine freie Erzählrunde gibt, notiere ich die Beiträge der Kinder. Die anfangs meist nur aus ein oder zwei kurzen Sätzen bestehenden Erzählungen und Berichte trage ich später in unser Klassentagebuch mit dem jeweiligen Autorennamen ein und kennzeichne auffällig Besonderheiten wie beispielsweise Buchstabengruppen.

Weil am Schulanfang noch nicht alle Kinder ihren Namen schreiben und wiedererkennen können, klebe ich zusätzlich ihre kopierten Passfotos unter ihre Namen.

Dieses Klassentagebuch besteht aus einer DIN-A4-Kladde, die mit einem hübschen Schutzumschlag eingebunden wird. Auf dem Deckel klebt das Klassenfoto der jeweiligen Klasse.

Nach einigen Wochen, wenn wir uns alle schon besser kennen, werden die erzählten Texte immer länger und es äußern sich zunehmend mehr Kinder. Von diesem Zeitpunkt an nehme ich die Gespräche und Erzählungen in der Klassenversammlung mit dem Tonband auf und schreibe die Berichte sorgfältig ins Tagebuch. Ich habe mir ein Mikrofon mit langem Kabel angeschafft, das ich in solchen Situationen wie eine Reporterin benutze. Bei einigen Kindern setzen damit ihre anfänglichen Sprechhemmungen wieder ein, andere sprechen übertrieben laut irgendeinen Quatsch in das Mikrofon. Nach circa zwei Wochen wird das Mikrofon jedoch kaum noch beachtet. Es ist zu einem technischen Bestandteil unserer Klassenversammlung geworden.

Im Vergleich mit Klassentagebüchern aus früheren Jahren, in denen ich noch kein Mikrofon benutzte, stelle ich fest, dass die mit dem Recorder aufgenommenen Texte witziger und interessanter sind. Die Ursache ist sicherlich folgende:

Das Mitschreiben der Texte erfordert große Aufmerksamkeit und Schnelligkeit. Gleichzeitig muss ich aber auch auf andere Dinge achten. Lisa zum Beispiel verkündet, dass sie zum Klo muss. Florian bitte ich, sich die Nase zu putzen. Sascha ist vom Stuhl gefallen und schreit erbärmlich, und, und, und … Währenddessen erzählt Johannes unbeirrt weiter, wie er sich gestern mit seinem Bruder gestritten hat und wie blöd der ist. Wenn also meine Aufmerksamkeit nicht ausschließlich dem erzählenden Kind zuteil wird, füge ich unbeabsichtigt in die Erzählungen der Kinder Wörter hinzu oder lasse sie weg, und manchmal verändere ich auch die Satzstellung ein wenig.

In einer meiner Anfangsklassen hatte ich ein besonders wachsames und selbstbewusstes Mädchen, das mich stets darauf aufmerksam machte, wenn sie der Meinung war, dass ich ihren Text nicht korrekt aufgeschrieben hätte. „Das habe ich aber so gar nicht gesagt. Ich habe das ganz anders gesagt", und sie hatte meistens Recht. Bei der Aufzeichnung von Berichten mit dem Mikrofon passieren mir solche Abweichungen kaum. Ich kann mich viel besser auf die Gespräche und die sozialen Geschehnisse in der Gruppe konzentrieren, wenn ich nicht mitschreibe. Die Eintragung in das Klassentagebuch erledige ich sowohl in der Klasse als auch zu Hause. Die Kinder sollen mir beim Schreiben ihrer Erlebnisse zusehen können, denn ich möchte bei ihnen das Interesse am Schreiben wecken. Sind die Texte sehr lang, schreibe ich sie lieber in Ruhe zu Hause ab, inzwischen in großer fetter Schrift mit dem Computer, und klebe den Text danach in unser Tagebuch. Die Kinder haben die Möglichkeit, ihren Text in der Kladde zu illustrieren. Früher legte ich noch Wert darauf, dass die Illustration von dem Kind vorgenommen wurde, von dem auch der Text stammte. Dieses Verfahren hat sich nicht bewährt, weil einige Kinder, die mit zeichnerischen Darstellungen Probleme haben, nichts mehr erzählten oder nicht mehr wollten, dass ihre Erzählungen in das Klassentagebuch geschrieben wurden.

Jetzt stelle ich es den Kindern frei, ob sie etwas dazu malen, und lasse auch zu, dass andere Kinder ein passendes Bild dazu eintragen. Dies hat sogar den positiven Effekt, dass das malende und das erzählende Kind in eine rege Kommunikation eintreten. In dem Text eines erzählenden Kindes kam zum Beispiel vor, dass es mit den Eltern einen Rummel besucht hatte und dort mit einem Karussell gefahren war. Dieses Kind hatte Schwierigkeiten, ein Karussell zu zeichnen. Ein anderes Kind bot sich an und fragte nun sehr intensiv nach, wie das Karussell aussah, ob beide Eltern und die kleine Schwester auf dem Rummel dabei waren, welche Kleidung sie trugen usw. Das malende Kind war sehr bestrebt, das Bild möglichst erzählgetreu zu gestalten. Fotos, falls vorhanden, durften ebenfalls eingeklebt werden.

Die Tagebücher sind später sehr beliebte Lesebücher. Zunächst lassen sich viele Kinder ihre eigenen Texte vorlesen, die sie anhand ihres Fotos, später auch ihres Namens leicht herausfinden können. Auch Eltern lasen interessiert in diesen Klassentagebüchern auf unseren Elternabenden oder bei Hospitationen in unserer Klasse, und weder die Kinder noch ich hatten damit zunächst Probleme.

Ich erinnere mich jedoch an eine meiner Klassen, in der die Offenheit und Ehrlichkeit, mit der die Kinder zunehmend auch über vielfältige Probleme und gewalttätige Auseinandersetzungen aus ihren Elternhäusern berichteten, mich sehr beunruhigte. Ich wollte die Kinder in ihrer Ehrlichkeit nicht bremsen und ihnen die Möglichkeit geben, sie belastende Erlebnisse weiterhin mitzuteilen, machte mir aber gleichzeitig große Sorgen, wie ich mit den Eltern umgehen sollte, die es gewohnt waren, in die Klassentagebücher Einblick zu nehmen.

In Absprache mit den Kindern erklärten wir deshalb das Klassentagebuch zu einem Tagebuch, wie wir es von Tagebüchern auch sonst her kennen. In diese Tagebücher durfte niemand von außerhalb mehr einsehen, wenn es die Kinder und ich nicht erlaubten. Auch hier war Flexibilität angesagt. Manche Kinder wollten ihren Eltern ihre Geschichten zeigen, andere nicht. Wir haben uns zu folgender Vorgehensweise entschlossen: Das Tagebuch wurde nicht mehr in die Bücherecke gestellt, sondern an einem versteckten Platz aufbewahrt. Ich habe dieses Problem auf einem Elternabend besprochen. Die Eltern reagierten sehr verständnisvoll. Die sogenannten „Problemeltern" waren nicht erschienen. Ich war jedoch sicher, dass mich der größte Teil der Elternschaft in meiner Vorgehensweise unterstützt; denn sie haben sehr viele schwierige Situationen zwischen diesen „Problemeltern" und ihren Kindern miterlebt. Kinder, die ihren Eltern das Lesen ihrer Texte erlauben wollten, teilten mir dies von nun an mit. Ich suchte die entsprechenden Geschichten heraus und kopierte sie auf Wunsch für diese Eltern.

Lieblingslineatur statt Schreiblehrgang

Einen Schreiblehrgang benutze ich nicht. Wer schreiben möchte, bekommt von mir zunächst ein DIN-A4-Heft, ohne oder mit einfachen Linien zur Auswahl. Kleinere Formate und andere Lineaturen schränken die Kinder zu sehr ein. Sie sollen mit ihrer Schrift in Form und Größe experimentieren dürfen. In dieses Heft darf geschrieben und auch gemalt werden. Zu einem späteren Zeitpunkt, der individuell bestimmt wird, dürfen sie unterschiedliche Lineaturen ausprobieren. Dafür habe ich mir von verschiedenen Verlagen Lineaturvorlagen besorgt, später mit dem Computer auch eigene Vorlagen mit und ohne Rahmen erstellt. Diese Lineaturvorlagen unterscheiden sich in der Größe, in der unterschiedlichen Anzahl der Linien innerhalb einer Linienart, aber auch in der Anzahl der Reihen und in der Darstellung der Strichführung (zum Beispiel gestrichelte Linie, Punktlinie, durchgezogene Linie und Fett- oder Magerdruck).

Die verschiedenen Vorlagen habe ich in Klarsichthüllen gesteckt und durchnummeriert in einen Ordner eingeheftet. Hinter jeder Vorlage befinden sich dann mehrere Kopien der jeweiligen Musterblätter, die herausgenommen werden dürfen. Es gibt auch Schreibblätter, die zusätzlich zu der Lineatur einen Bilderrahmen aufweisen. Nachdem die Kinder eine Weile das Schreiben in den vielfältigen Lineaturen ausprobiert und herausbekommen haben, mit welcher Lineatur sie am besten klarkommen, benutzen sie meist nur noch diese. Die Kinder treffen also die Auswahl ihrer sogenannten „Lieblingslineatur" und nicht ich. Interessant war für mich, dass bei dieser Vorgehensweise auch Kinder mit feinmotorischen Problemen ein schöneres und leserlicheres Schriftbild erzielten. Sie haben sich in den meisten Fällen die für sie zur Zeit adäquate Lineatur ausgesucht.

An dieser Stelle möchte ich kurz etwas anmerken: Ich habe die Erfahrung gemacht, dass Kinder wie Erwachsene Texte, die mit dunklen Farben auf hellem Hintergrund geschrieben sind, besser lesen können. Darum benutze ich auch nicht die Tafel für schriftliche Informationen und Abschreibtexte, sondern große weiße Papierbogen oder Tapetenrollen, die ich an der Tafel oder einer Staffelei befestige und auf denen ich mit dicken schwarzen Filzstiften schreibe.

Ein Tafeltext ist nur dann gut lesbar, wenn die Tafel vorher mit Wasser abgewischt wurde und dann gut trocknen kann. Diese Wartezeit hat man oft im Unterricht nicht. Außerdem entsteht auch bei Textkorrekturen leicht ein unleserliches Schriftbild. Die Schulerinnen und Schüler des Anfangsunterrichts erzielen beim Schreiben auf der Tafel nur selten Erfolge. Ihr Schriftbild sieht – selbst bei guten Schreibern – eher krakelig aus; die meisten Kinder können die Kreide noch nicht genügend stark auf die Tafel drücken.

Bilder sind Schreibanlässe

Zur Förderung der Schreibmotivation lasse ich die Kinder Fotos, Bilder aus Illustrierten oder Ansichtskarten von zu Hause mitbringen, die sie in ihre Hefte einkleben und zu denen sie etwas schreiben dürfen. Auch klasseneigene Fotos stehen den Kindern in einem durchsichtigen Karteikasten zur Verfügung. Für die Lesekartei habe ich zu den Fotos Texte geschrieben.

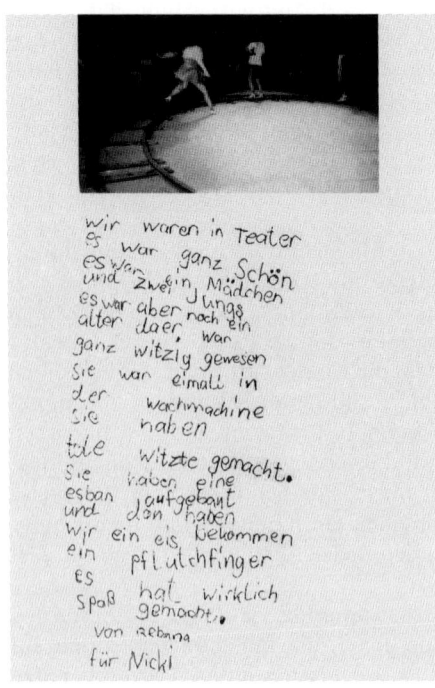

Nun dürfen sich die Kinder Texte zu unserer klasseneigenen Foto-sammlung überlegen und auf-schreiben. Sie nehmen sich ein Fo-to ihrer Wahl, kleben es mit Foto-klebestreifen in ihr Heft und schreiben ein Wort, einen Satz oder mehrere dazu. Das kann mit unterschiedlichen Schreibwerk-zeugen geschehen. Sie dürfen Buchstabenstempel (Legoprin-zip), Stifte, spezielle Filzer zum Schreiben, unsere Freinet- oder Rictoset-Druckerei, Schreibma-schine und seit kurzem auch den Computer und ein Conceptkey-board mit einer elektronischen Anlauttabelle dafür benutzen, so dass auch die Kinder, die mit einer üblichen Tastatur noch nicht zu-recht kommen, mit dem Computer schreiben und ihre Texte aus-drucken können. Sie benutzen von der gängigen Computertastatur lediglich die Lösch- und die Leertaste. Es gibt sogenannte Übergangssituationen, das heißt die Kinder tippen die Buchstaben, die sie auf Anhieb auf der Tastatur finden, während sie die noch ungesicherten mit Hilfe des Bildes über dessen Anlaut herausfinden können. Das Con-ceptkeyboard wird an den Computer angeschlossen und hat eine drucksensible Oberfläche. Durch das Drücken des entsprechenden Bildes mit dem jeweiligen Anlaut erscheint der gewählte Buchstabe auf dem Monitor. Zu dem Con-ceptkeyboard gibt es eine Software. Die Auflagen für ein Conceptkeyboard wie zum Beispiel die Anlauttabelle müssen selbst erstellt und entsprechend pro-grammiert werden.

Hierbei muss ich mich den Kindern gegenüber sehr flexibel verhalten. Einige Kinder haben überhaupt keine Scheu und schreiben unabhängig vom Schreib-

werkzeug lautierend darauf los. Es sind meist die Kinder, die genau wissen, was sie schreiben wollen. Sie konzentrieren sich fast ausschließlich auf den Inhalt, lassen in ihrem Eifer viele Buchstaben aus, obwohl sie in der Lage sind, sie lautgetreu wiederzugeben. Ihre Gedanken sind häufig schneller als ihr Schreibtempo. Sie stellen oft fest, dass es ihnen schwer fällt, ihr Geschriebenes zu lesen, weil es ohne die fehlenden Buchstaben für sie keinen Sinn ergibt, oder sie „erlesen" den Text in der Erinnerung dessen, was sie schreiben wollten.

Andere lautieren laut und angestrengt jedes Wort langsam vor sich hin, vergewissern sich nach jedem einzelnen Laut, ob es so richtig ist, und wissen gar nicht mehr, wie sie ihren Satz enden lassen wollten. Werde ich von anderen Kindern für kurze Zeit in Anspruch genommen, kommen sie allein nicht voran, warten entweder geduldig, bis ich wieder Zeit für sie habe, oder sie klappen ihr Heft einfach zu und packen es wieder in ihr Fach.

Fragen sie, ob ich ihr Geschriebenes lesen könne, antworte ich meist: „Ich kann alles lesen oder ich glaube, ich weiß, was du geschrieben hast, vielleicht kannst du mir dabei noch ein bisschen helfen?" Ich erkläre, dass kein Kind in ihrem Alter alle Wörter richtig schreiben kann und dass ich das auch nicht konnte, als ich so alt war wie sie. Meist sehen mich dann einige von ihnen erstaunt an oder machen nachdenkliche Gesichter. Weiterhin berichte ich von größeren Kindern und Erwachsenen, für die es auch nicht immer leicht ist, fehlerfrei zu schreiben. Ich verrate ihnen, dass es auch Wörterbücher gibt, in denen man nachschauen kann, wie bestimmte Wörter geschrieben werden, und dass ich das auch schon oft getan habe und dass kein Mensch alles wissen kann.

Kindertexte korrigieren?

Korrekturen an den Kindertexten bezüglich der Rechtschreibung nehme ich nur in Absprache und mit dem Einverständnis der Kinder vor. Kinder, deren auditive Wahrnehmung noch nicht sehr ausgeprägt ist, stellen meist selbst fest, dass etwas fehlt, sobald sie ihren Text noch einmal lesen möchten. In der Regel haben sie überhaupt nichts dagegen, wenn ich ihnen anbiete, den Text in der Schreibweise der Erwachsenen unter ihrer eigene Fassung zu schreiben. Sie finden sehr schnell heraus, dass diese Schreibweise leichter zu lesen ist. Ganz am Anfang hatte ich, um Konflikte mit Eltern zu vermeiden, den fehlerfreien Text mit einem Klebepunkt versehen, damit dieser besonders hervorgehoben wurde. Heute mache ich das nicht mehr.

Es gelingt mir in der Regel, die Eltern meiner Schülerinnen und Schüler davon zu überzeugen, dass die Motivation und das Interesse am Schreiben, ohne Angst vor Fehlern, die wichtigste Grundlage ist, um ein Rechtschreibgefühl entwickeln zu können. Auch wenn die Eltern meine Sichtweise nicht immer teilen, erkennen sie, dass ihre Kinder begeistert zur Schule gehen und große Fortschritte in allen Bereichen machen.

Klassenbriefkasten

Die erworbene Fähigkeit, nun selber die ersten Wörter und Sätze lesen und aufschreiben zu können, wird von einigen Kindern als Ausdruck ungeheurer Macht erlebt. Ich erinnere mich an das Kind Stefan, das erst gegen Ende der ersten Klasse das Bedürfnis hatte zu wissen, wie es Wörter aufschreiben kann.

Dieses Kind hatte häufig Konflikte mit anderen Kindern, die meist zu körperlichen Angriffen führten. Es gelang ihm nicht, seinen Ärger hinauszuschreien oder Probleme verbal zu lösen. Als die anderen Kinder entdeckten, dass man in unseren Klassenbriefkasten nicht nur liebe Briefe und nette Mitteilungen stecken kann, füllte sich dieser nun zunehmend auch mit Beschwerdebriefen über unser Problemkind.

Nach dem regelmäßigen Vorlesen der Briefe am Ende eines Schulvormittags ärgerte sich Stefan jedesmal fürchterlich über die an ihn gerichteten Beschwerdebriefe, war allerdings auch stark beeindruckt, dass seine Mitschülerinnen und Mitschüler das alles schon aufschreiben konnten.

Zunächst fragte er andere Kinder, wie sie das machten. Er beobachtete sie, schaute ihnen zu, bis er eines Tages selbst mit dem Aufschreiben begann. Er schrieb zu Beginn ausschließlich Schimpfwörter, in „köstlicher" Lautsprache, auf irgendwelche Papierfetzen, suchte sich aus unserer Anwesenheitsliste anhand der Passfotos seine gewünschten Adressaten heraus und malte mit hoher Konzentration und Anstrengung die entsprechenden Namen ab.

Manchmal half ihm auch ein anderes Kind dabei. Von nun an wartete er sehnsüchtig auf die Entleerung des Briefkastens, und er freute sich diebisch, wenn sich die gewählten Postboten mit seinen schwer zu erlesenden Schimpfwörtern abmühten. Das brachte anfangs wieder neue Konflikte, aber nach etwa zwei Wochen, in denen sich auch andere Kinder in dieser Weise kräftig austobten (auch im häuslichen Bereich), waren Briefe solcher Art nur noch selten, und sie wurden wieder freundlicher. Unser „Problemkind" Stefan verlangte nun von sich aus nach seinem großen Schreibheft, in das er fast täglich Fotos einklebte, sich passende Texte dazu ausdachte, die er nach kurzer Zeit völlig selbstständig mit Hilfe der Anlauttabelle dazuschrieb.

Achtung: Geheimheft

Ich kann mich an einen sehr schwierigen Jahrgang erinnern, in dem sich die Kinder untereinander mündlich und auf schriftlichem Weg mit Schimpfwörtern, vor allem sexueller Art, und Beleidigungen dermaßen verletzten, dass es viele Kinder und ich nicht mehr ertrugen.

Ich habe in dieser Zeit mit den Kindern sehr oft über das „Machtinstrument" Sprache und Schrift diskutiert. Dass Wörter unterschiedliche Stimmungen auslösen und auch weh tun können, hatten sie zwar erfahren, aber es musste ihnen auch bewusst gemacht werden. Ich hatte damit eine erstaunliche Neugierde und Fragelust entfacht und wir hatten eine spannende, hochsensible und erregte Diskussion und machten uns gemeinsam Gedanken, wie Kinder mit ihrem Ärger, ihrer Wut, aber auch Trauer umgehen und diese Art von Verletzungen reduziert werden können. Ich hörte, wie sich zwei Jungen leise darüber unterhielten, dass sie trotzdem gern aufschreiben wollten, und das auch mit „Ausdrücken", wenn ein Kind sie ärgerte. Als ich bat, das doch der ganzen Gruppe mitzuteilen, wiederholten sie ihren Wunsch vorsichtig. Einige Gleichgesinnte schlossen sich ihrem Anliegen an. Ein Kind machte den Vorschlag, solche Dinge heimlich aufzuschreiben und nicht zu veröffentlichen. Das brachte mich auf den Gedanken, für alle Kinder, die daran Gefallen finden, ein Heft zu kaufen, in das sie alles schreiben durften, was sie wollten, auch

„Schimpfwörter" und „Ausdrücke". Diese Hefte bekamen einen stabilen Einband, der von den Kindern selber gestaltet und mit ihrem Namen versehen wurde. Sie wurden gelocht und mit Schnürsenkeln zugebunden.

Diese Geheimhefte wurden von mir an einem bestimmten Platz aufbewahrt. Die Kinder konnten sie bei mir jederzeit abholen und nach ihren Einträgen wieder abgeben. Dieses Verfahren hatte ich übrigens mit den Kindern so abgesprochen, und es lag in ihrem Interesse. Sie und ich wollten sicher gehen, dass kein Missbrauch mit ihren Heften getrieben wurde.

Synthese- und Analyseübungen mit Bilderrätseln

Sobald es einige Kinder in der Klasse gibt, die schon synthetisieren können, verwende ich die Bildkarten, die ich für unsere Phantasiegeschichten benutze, auch für Lautierungsübungen innerhalb unserer Klassenversammlung. Dafür lege ich Bildkarten aus, die den gleichen Anlaut haben, die zu unserem gerade behandelten Thema passen oder nach Oberbegriffen sortiert werden, beziehungsweise zu den Lieblingsbildern der Kinder gehören.

Ich erkläre ihnen, dass ich ein Bild mit meinen Augen „fotografieren" werde, ihnen aber nicht verrate, um welches Bild es sich handelt. Danach nenne ich ihnen langsam und in der richtigen Reihenfolge alle Buchstabenlaute, die zusammengesetzt das Wort zu einem Bild, das auf dem Boden liegt, ergibt. Die Kinder, die bereits wissen, wie das Lesen „funktioniert", beginnen sofort mit der Synthese, manche vollziehen sie laut, manche leise. Bei einigen Kindern

geht es schnell, bei anderen langsam. Andere raten wild darauf los, welches Bild ich mir ausgesucht haben könnte. Ich kann dabei erahnen, auf welcher Niveaustufe in diesem Bereich sich ein Kind befindet. Sobald ein Kind durch Erlesen herausgefunden hat, um welche Bildkarte es sich handelt, und das Wort nennt, erntet es Beifall.

Häufig sind die noch nicht lesenden Kinder fasziniert und erstaunt darüber, wie das betreffende Kind das richtige Wort herausbekommen hat, und stellen dazu ihre Fragen. Sie geben sich große Mühe, den Erklärungen zu folgen, die den Lesevorgang etwa folgendermaßen beschreiben:

„Zuerst schaue ich mir die Bilder gut an, dann höre ich genau hin, wenn Nicki *(damit bin ich gemeint)* die Buchstabenlaute spricht, dann ziehe ich sie zusammen, und dann kommt das Wort von alleine raus. Da muss ich gar nichts mehr machen. Es steckt schon im Hals."

Ich habe bemerkt, dass bei einer regelmäßigen Übung des Lautierens in Form eines Rätsels nach kurzer Zeit alle Kinder versuchen, das Rätsel zu lösen, und sich das Bedürfnis, das lesen zu können, verstärkt. Befinden sich Kinder auf unterschiedlichen Niveaustufen beim Erlesen, so frage ich sie, ob sie ein „leichtes" oder „schweres" Wort lautieren möchten.

Wenn diese Übung den Kindern bekannt ist, lasse ich einen Schüler meine Aufgabe übernehmen. Er sucht sich ein Bild aus, lautiert es und die anderen Kinder müssen die Laute wieder zu einem Wort zusammensetzen. Bei der Auswahl gebe ich den Kindern, die noch nicht entscheiden können, ob es sich um ein leicht oder schwierig zu lesendes Wort handelt, Hilfestellung, indem ich ihnen ein leichtes Wort ins Ohr flüstere.

Bei Auslassungen von Lauten lautiere ich das Wort noch einmal richtig. Ich mache die Kinder darauf aufmerksam, dass wir nicht alle Laute unserer Sprache hören können, und lobe sie für die, die sie bereits herausgefunden haben.

Wichtig ist bei diesen Übungen, dass damit sofort aufgehört wird, wenn die Konzentration der Kinder nachlässt. Diese Übungsform ist bei meinen Kindern so beliebt, dass selbst konzentrationsschwache Kinder über eine lange Zeitspanne dabeibleiben. Wer es gar nicht mehr aushalten kann, darf das äußern und sich mit einer anderen Sache leise beschäftigen. Manchmal lege ich zur visuellen Unterstützung die dazugehörigen Wortkarten zu den Bilderkarten aus, aber nicht geordnet. Nach solchen Übungen machen wir meist eine Pause auf unserem Spielplatz. Die Karten bleiben noch liegen, denn oftmals möchten Kinder die Wortkarten den entsprechenden Bildkarten zuordnen, wenn sie nach der Pause wieder in die Klasse kommen.

Wörterjogging

Um das Lautieren auch selbstständig üben zu können, habe ich für die Kinder ein Buch angefertigt, das den Titel „Wörterjogging" trägt. Hierbei verwende ich das gleiche Bild- und Wortmaterial, das ich zum Erzählen, Zuordnen und Lautieren in der gemeinsamen Phase der Klassenversammlungen benutze. Ich habe die Bilder mit dem Kopierer verkleinert und zur visuellen Verstärkung die Wortumrisse daneben gezeichnet. Wortumrisse haben die Kinder in meinem Unterricht zuvor schon kennengelernt. Sie sind für Kinder, die zusätzliche Hilfen benötigen, um sich Wortgestalten einzuprägen, sehr hilfreich. Vor allem können die Kinder mit solchen Wortumrissen auch selber experimentieren. Rätsel und Puzzle können auf diese Weise angefertigt und von anderen erraten werden.

Ich habe darauf geachtet, dass sich nur wenige Aufgaben auf einer Seite befinden, damit auch langsame Kinder nicht überfordert werden. In diesem Buch darf jedes Kind selbstständig arbeiten. Die Seiten müssen nicht in ihrer Reihenfolge erledigt werden, obwohl ich mit einfachen Wörtern begonnen habe und der Schwierigkeitsgrad sich kontinuierlich von Seite zu Seite steigert.

Es gibt ein Lösungsbuch, das sich die Kinder nach Beendigung einer Seite nehmen dürfen, um die Schreibweise zu vergleichen. Dafür müssen sie nach der jeweiligen Seitenzahl suchen. Da das Arbeitsbuch aus 44 Seiten besteht, gibt es mitunter sehr interessante Gespräche und auch Diskussionen über Zahlenwerte, Zahlenschreibweisen und Zahlenreihenfolgen. In dieser Situation wird dann auch schon mal unser Hundertbrett geholt, um festzustellen wie viele Seiten denn 44 Seiten wirklich sind, und oftmals wird die Bitte an mich gerichtet, ihnen doch ein Buch vorzubereiten, das aus 100 Seiten besteht. Hohe Zahlen üben auf viele Kinder eine unglaubliche Faszination aus. Bei vielen selbstgemachten Arbeitsbüchern berücksichtige ich die unterschiedlichen Wünsche der Kinder. Haben die Kinder Fehler oder Auslassungen beim „Wörterjogging" gemacht, korrigieren sie folgendermaßen:

Sie radieren den falsch geschriebenen Buchstaben weg und schreiben den richtigen mit einem Holzbuntstift in ihrer Lieblingsfarbe in das entsprechende Kästchen. Die Korrektur mit einem farbigen Buntstift hat für mich den Vorteil, dass ich bei der Durchsicht feststellen kann, um welche Fehlerart es sich bei den einzelnen Kindern handelt. Nur so kann ich Hinweise und Tipps geben oder Fördermaßnahmen einleiten. Diese Methode ist bei meinen Kindern sehr beliebt. Sie korrigieren gern mit bunten Stiften, und ich habe den Eindruck, dass sie sich die selbstständig korrigierte Schreibung, unter Hervorhebung von Farben, leichter einprägen können.

Kopfwörter

Kopfwörter sind Wörter, die wir bereits in der korrekten Schreibweise im Kopf haben, die wir nicht mehr auf ihre Richtigkeit hin überprüfen müssen, über die wir also nicht mehr nachdenken müssen. So ungefähr erkläre ich es meinen Schülern und Schülerinnen. Ich biete ihnen an, sich vorzustellen, dass es in ihren Köpfen winzige Wörterschränke mit unzähligen, noch winzigeren Schubläden gibt, in denen alle gelernten Wörter aufbewahrt werden, die gesprochenen und die geschriebenen. Die gesprochenen und die geschriebenen Wörter haben verschiedene Schubladen. Haben wir die Schreibweise eines Wortes bereits im Kopf, springt die richtige Schublade auf und sorgt dafür, dass es nun auch auf dem Papier richtig geschrieben dasteht. Haben wir das geschriebene Wort bisher noch nicht gespeichert, so müssen wir erst viele Schubladen öffnen und nachsehen, ob das gesuchte Wort dort schon eingezogen ist. Wenn nicht, dann müssen wir nachdenken, und das dauert natürlich länger, und manchmal ist es einfach noch nicht hineingewandert und kann somit auch nicht auf dem Papier erscheinen.

Die Kinder erhalten auf meine Bitte hin von ihren Eltern einen Kopfwörter-Karteikasten mit einem alphabetischen Register für Karteikarten, auf denen die gewünschten Kopfwörter eingetragen werden. Die Kinder können mir ihre Lieblingswörter nennen oder Wörter aus ihren Anlautheften heraussuchen. Ich schreibe ihnen jedes ausgewählte Wort auf eine Karte. Später übernehmen besonders sorgfältig schreibende Kinder diese Aufgabe. Für Nomen benutzen wir weiße, für Adjektive gelbe, für Verben grüne und für sonstige Wörter blaue Karten. Diese Wörter-Kartei wird auch in der zweiten Klasse weiter benutzt. Ergänzend zu den persönlich ausgesuchten Wörtern kommen in der zweiten Klasse die Wörter eines gemeinsamen Klassenwortschatzes hinzu. Oben auf der Karteikarte stehen mehrere Kästchen, die die Kinder nach jeder Schreibung dieses Wortes nacheinander ankreuzen.

Verschiedene Kopiervorlagen zur Herstellung von diesen Kopfwörter-Karteikarten befinden sich in dem Buch „Tägliche Arbeit mit dem Grundwortschatz" von Sabine Rückemann im Verlag Agentur Dieck 1991.

Von ihrem Wörterkästchen bekommen die Kinder ein DIN-A5-Heft mit oder ohne Linien, je nach Wunsch. Darin werden die ausgesuchten Wörter folgendermaßen geübt: Die Kinder erlesen das Wort, halten es hoch, „fotografieren" mit den Augen das Wortbild so lange, bis sie es vor ihrem inneren Auge sehen können, färben es in Gedanken mit ihrer Lieblingsfarbe, legen die Wortkarte verdeckt auf den Tisch und versuchen nun, das Wort aus dem Kopf aufzuschreiben. Anschließend vergleichen sie ihr Geschriebenes mit der Wortkarte. Haben sie einen Buchstaben ausgelassen oder einen falschen Buchstaben festgestellt, so radieren sie ihn weg und berichtigen wieder mit einem farbigen Buntstift. Danach kreuzen sie das erste Kästchen ihrer Wortkarteikarte an (es gibt circa fünf Kästchen), was bedeutet, dass das Kind dieses Wort einmal geschrieben hat. Hat das Kind keinen Fehler gemacht, darf es die entsprechende Karte innerhalb des alphabetischen Registers einordnen. Die fehlerhaften Wörter werden hinter den letzten Buchstaben des Registers gestellt. Neue Wörter befinden sich im Kasten vor dem ersten Buchstaben des Registers.

Zusätzlich gibt es noch ein weiteres Heft, das sogenannte Kopfwörterheft. In dieses Heft werden die von dem Kind bisher selbstständig und fehlerfrei geschriebenen Wörter von mir diktiert, wenn das Kind es möchte. Dieses Diktieren der Kopfwörter bereitet den Kindern großen Spaß. Sehr schnell muss ich eine Warteliste einrichten, um sicherzustellen, dass alle Kinder, die Wörter diktiert bekommen möchten, auch berücksichtigt werden. Sie sind hochmotiviert, möglichst viele Wörter im Kopf zu haben, und es hat mit den Diktaten aus meiner Schulzeit aber auch wirklich nichts gemeinsam. Haben Kinder beim Aufschreiben nach Diktat Fehler gemacht, so gehen sie nach der gleichen Weise vor wie in ihren Übungsheften. Die entsprechenden Karteikarten dürfen dann allerdings nicht mehr eingeordnet werden. Sie werden in die noch zu übenden Karten eingereiht. Selbstverständlich gab es bei den Wörterdiktaten oder später auch bei Satzdiktaten keine Benotungen. Die Anzahl der zu diktierenden Wörter dürfen die Kinder sich immer selber auswählen. Es gibt Kinder, die sich ein oder zwei Wörter diktieren lassen, aber auch Kinder, die es auf bis zu zwanzig Wörter bringen.

Später schreibe ich für die Kinder kleine Diktattexte selbst auf und berücksichtige dabei gemeinsame Erlebnisse der Klasse. Der Text wird zweimal auf Kartonpapier gleicher Farbe kopiert, einmal als Diktatvorlage, und einmal werden die Sätze auseinander geschnitten. Die Vorlagen DIN A5 werden in eine Prospekthülle gesteckt, mit Nummern versehen und in ein DIN-A5-Ringbuch eingeheftet. Der auseinander geschnittene Text kommt in eine beklebte Kaffeedose, die mit der Nummer der jeweiligen Diktatvorlage gekennzeichnet ist. In den Kunststoffdeckel wurde ein Schlitz hineingeschnitten. Diese Form des Diktatübens mit Selbstkontrolle ist sicherlich vielen Kollegen unter der Bezeichnung „Dosendiktat" bekannt.

Hierbei wird zunächst der Text gelesen, die Dose geleert und die Sätze in die richtige Reihenfolge gebracht und mit der Vorlage verglichen. Danach wird die Diktatvorlage umgedreht. Die Kinder sehen sich den ersten Teil des gelegten Satzstreifens an, „fotografieren" ihn nach bekannter Methode mit den Augen und stecken danach diesen Satzteilstreifen in den Schlitz der Diktatdose. Sind die entsprechenden Sätze aufgeschrieben, wird die Diktatvorlage wieder umgedreht und das Kind vergleicht sein geschriebenes Diktat mit der Vorlage und korrigiert es gegebenenfalls wie schon beschrieben. Diese Diktatvorlagen können auch als Laufdiktat benutzt werden. In diesem Fall werden die Vorlagen an eine Stelle des Raumes gehängt, oftmals wird der Flur einbezogen, was die bewegungsfreudigen Kinder sehr bevorzugen. Da die Merkfähigkeit der Kinder sehr unterschiedlich ausgeprägt ist, sollte bei dieser Methode der

Text in durchnummerierte Satzstreifen zerschnitten und diese an unterschiedlichen Stellen des Raumes befestigt werden. Die Kinder laufen zu dem ersten Satz, versuchen sich einen Teil oder den vollständigen Satz einzuprägen, gehen zu ihrem Platz zurück und schreiben den Satz auf. Zum Korrigieren benutzen sie ein Klemmbrett (stabile, feste Unterlage), mit dem ihr Heft festgehalten wird, und vergleichen dort, wo der Diktattext hängt, ob sie richtig geschrieben haben.

Auch in diesem Bereich muss differenziert werden. Wer mit Diktattexten noch überfordert ist, kann die Buchstabenanalyse und Synthese mit unterschiedlichen Materialien üben. Hierbei bevorzugen die meisten Kinder die Arbeit mit Setzleisten und den dazugehörigen Wort- oder Buchstabenkarten, weil sie so ihre Schreibweise eigenständig kontrollieren können.

Die Karten stecken so in der Leiste, dass die Schrift verdeckt und nur das Bild sichtbar ist.

Verbundene Schrift

Wir schreiben am Anfang in Druckschrift, da sie für die Kinder einfacher zu schreiben und zu lesen ist als eine verbundene Schrift. Weil die Buchstaben von mir nicht für alle Kinder gemeinsam eingeführt werden und die Kinder sehr früh damit beginnen, kurze Sätze oder kleine Geschichten zu schreiben, ist es eher hinderlich, sie mit festgelegten Schreibverläufen zu bedrängen. Sie bekommen von mir eine Buchstabenvorlage sämtlicher Buchstaben, auf der die Schreibverlaufsrichtung mit Hilfe von Pfeilen dargestellt ist. Diese Vorlage hängt auch als Plakat sichtbar in unserer Klasse. Trotzdem passiert es, dass Kinder sich nicht an den Richtungspfeilen orientieren. Der Schreibverlauf der einzelnen Buchstaben wird zwar nur bei der Einführung unseres Projektes „Buchstaben der Woche" allen Kindern einmal gezeigt und gemeinsam nachvollzogen, da aber nicht alle Kinder zur gleichen Zeit mit dem Schreiben beginnen, kann es sein, dass einige Kinder sich bereits eine andere Schreibweise angeeignet haben, manchmal längst vor Schuleintritt.

Früher habe ich mich bemüht, auf den korrekten Schreibverlauf zu achten. Dies hat aber im Gegenteil dazu geführt, dass die Schreibfreude nachließ. Wenn ich nicht hinsah, gingen die Kinder wieder zu ihrer ursprünglichen Schreibweise über. Erfolgt die Schreibverlaufsrichtung bei einem Kind sehr umständlich, und ist diese für die spätere verbundene Schreibweise eher hinderlich, berate ich die Kinder dahingehend, es doch einmal anders zu probieren, und erkläre ihnen das Problem. Einige Kinder sind bereit, es zu versuchen, zeigen Spaß am Ausprobieren und korrigieren sich. Andere, die schon recht schnell schreiben, sind kaum bereit, sich umzugewöhnen.

Jedes Kind kann mit der verbundenen Schrift beginnen, wann es möchte. Der Reiz, eine andere Schriftart zu erlernen, ist meist ungeheuer groß, und dann sind sie auch bereit, sich über den korrekten Schreibablauf von mir beraten zu lassen. Sie bemerken es im Allgemeinen schnell, wenn sie bestimmte Buchstabenverbindungen nicht adäquat ausführen. Kindern mit großen feinmotorischen Problemen rate ich, erst dann mit einer Schreibschrift anzufangen, wenn ihr Schriftbild in der Druckschrift formgerecht und gut leserlich ist. Diese Kinder sind erleichtert, wenn sie die Druckschrift recht lange schreiben dürfen, obwohl auch sie den Wunsch verspüren, die Schreibschrift hin und wieder mal auszuprobieren, und das auch dürfen.

Nach meinen Erfahrungen beginnen die ersten Kinder von sich aus mit einer Schreibschrift gegen Ende der ersten oder zu Beginn der zweiten Klasse. Auch hier ist mir die individuelle Vorgehensweise äußerst wichtig, was sich durch die großen Erfolgserlebnisse der Kinder auszahlt. Übrigens lernen die Kinder, die erst relativ spät damit beginnen, eine verbundene Schrift zu schreiben, diese meist in wesentlich kürzerer Zeit als diejenigen, die sehr früh damit begonnen haben.

Auch bei der verbundenen Schrift dürfen sich die Kinder nach einigem Ausprobieren ihre Lieblingslineatur auswählen. Sie bekommen danach von mir ein selbstgeheftetes Schreibschriftbuch oder auch ein übliches käufliches Schreibheft. Zu jeder Lineaturart fertige ich eine ABC-Vorlage an, damit die Kinder mit den Ober- und Unterlängen der Buchstaben zurechtkommen.

Da nicht alle Kinder gleichzeitig mit der verbundenen Schrift beginnen, ist es kein Problem, den Kindern individuell bei dieser Tätigkeit zu helfen und es ihnen zu überlassen, welche Buchstaben, Wörter oder Sätze sie in dieser

Schriftart schreiben und üben möchten. Sehr gerne schreiben einzelne Kinder die Lesetexte der Lesekartei ab. Zur Erinnerung: Auf der Rückseite der Lesekarten steht derselbe Lesetext in verbundener Schrift.

Um die Entwicklung der feinmotorischen Fertigkeiten und Fähigkeiten zu unterstützen, werden den Kindern unterschiedliche Materialien angeboten wie beispielsweise Fingerfarben, Tuschpinsel, Schreibmaschine, Schere, Kleber, Sand für Sandspuren, Knete, Bleischnüre zum Buchstabenlegen, Buchstabenschablonen, Ton usw.

Für handschriftliche Arbeiten biete ich den Kindern Bleistifte in unterschiedlicher Länge und Dicke an. Die kurzen dicken Bleistifte von der Firma Lyra „Ferby Graphit" sind bei den Kindern sehr beliebt und brechen nicht ab. Auf dünne Bleistifte werden Schreibhilfen geschoben, so dass diese besser in den kleinen Händen liegen und Verkrampfungen entgegenwirken.

Nachdenken über sprachliche Regeln

Lisa las in einem Text lautschriftlich „er <st>ellt", verstand bei dieser Aussprache aber nicht den Sinn des Wortes. Nachdem ich ihr beim <st> den Unterschied zwischen geschriebener und gesprochener Sprache deutlich gemacht hatte, korrigierte sie sich und assoziierte: „Wie bei Schtefan und nicht **Steph**an." In dem gleichen Lesetext tauchte dieses Problem noch einmal auf. Lisa verbesserte sich aber sofort selber und sagte: „Wieder **St**, aber man spricht Schteine." Am nächsten Tag sprach sie ähnliche Wörter in einem anderen Text schon richtig aus und erkannte auch beim Wort <spielen>, dass das genauso wie bei **st** am Anfang **sch** gesprochen wird. Lisa befindet sich auf dem Weg zum Erkennen der Regel, dass vor p und t im Anlaut niemals der Laut **s** stehen kann.

Rebana las in einem Text das Wort <**ih**ren> und sagte nach kurzer Denkpause: „Wenn da ein h ist, langes i, wa? Das ist anders als bei <**zieht**> oben."

Katharina las das Wort <Papierkorb> auf Anhieb richtig, betrachtete es noch einmal kurz und sagte: „Hier, am Anfang, **Papi**!" und lachte. Anschließend erzählte sie einer Freundin, dass sie ein komisches Wort gelesen habe, dass nämlich im Wort Papierkorb drei Wörter drin seien: Papi, Papier und Korb.

Dieses Finden von Wörtern in anderen Wörtern kann der Ansatzpunkt zur Entwicklung eines bewusstgemachten Wortbegriffes bei den Kindern sei.

Seit unser selbstgebauter Klassenbriefkasten eingeweiht wurde, gehört das regelmäßige Schreiben von Briefen mit zu den wichtigsten Aktivitäten der Kinder in meiner Klasse.

Deshalb ist es wahrscheinlich nicht verwunderlich, dass die meisten Kinder schon drei Monate nach Beginn der ersten Klasse folgende Wörter einfach durch den häufigen Gebrauch richtig schreiben: <Liebe(r)>, <von>, <für>, <Brief>.

Katharina schrieb oft in ihr Anlautheft. Dafür überlegte sie sich selber Wörter oder schrieb sie aus Büchern ab. Dabei stellte sie fest, dass es Wörter gibt, die man am Anfang groß oder klein schreibt. Sie fragte nach, warum das so ist. Nach einer entsprechenden Erklärung – es sollen solche Wörter groß geschrieben werden, die Namen von Menschen, Tieren oder Dingen sind – teilte sie spontan die Seiten ihres Anlautheftes in zwei Spalten. In die eine Spalte schrieb sie nun die Wörter mit den großen Anfangsbuchstaben. In die andere Spalte ordnete sie die klein geschriebenen Wörter ein. Die großen Buchstaben erhielten zusätzlich noch eine rote Färbung, was sie sich von meinen Texten für die Kinder abgeguckt hatte.

5. Sachthemen und Erlebnisse werden zu Buchprojekten

Sachthemen werden mit den Kindern innerhalb der Klassenversammlung abgesprochen. Sie richten sich nicht ausschließlich nach der Vorgabe des Rahmenplanes. Auch die Kinder dürfen Vorschläge einbringen. Gibt es unterschiedliche Angebote, wird abgestimmt. Ich versuche den Unterricht so zu gestalten, dass möglichst alle Lernbereiche darin eingebettet werden können.

Nahezu jedes sachkundliche Thema schließen wir mit einem gemeinsam erstellten Buch für die gesamte Klasse ab, unsere sogenannten „Prunkstücke" oder die Kinder fertigen sich individuelle Bücher an. Oftmals gibt es beides. Ein Projekt mit einem Buch abschließen zu lassen ermöglicht den Kindern, das Erarbeitete und Erlebte noch einmal zu erinnern, zu reflektieren, und dient damit auch zur weiteren Auseinandersetzung und Festigung des erworbenen Wissens.

Ein klasseneigenes Telefonbuch

Dieses Projekt beginnt meistens nach den Herbstferien und hat das Ziel, die Kinder in ihrem Sozialverhalten zu fördern, Kontakte zueinander aufzunehmen, sich gegenseitig einzuladen. Dass auch andere Aspekte dabei vermittelt und gefördert werden, liegt auf der Hand.

In einem Gespräch wird geklärt, wer zu Hause ein Telefon besitzt, wer von den Kindern schon telefonieren kann, wer seine eigene Telefonnummer auswendig kennt, wie ihr Telefon aussieht, ob ihr Telefon eine Wählscheibe oder Tasten hat, dass das Telefonieren Geld kostet, warum es so dicke Telefonbücher gibt usw. Die Kinder werden gebeten, am nächsten Tag ihre Telefonnummer mitzubringen.

Nun werden die Papierfarbe für die Seiten der Telefonbücher und das Format abgesprochen. Sehr beliebt sind die Formate DIN A6 und DIN A5.

Das Format des Telefonbuches ist abhängig von der Größe der Drucklettern, die benutzt werden, und der verwendeten Fotos. In der Regel wollen die Kinder gelbe Seiten und einen gelben Einband haben, mit der Begründung, dass das dicke häusliche Telefonbuch ja auch gelbe Seiten hat. Ich besorge das Papier, die Buchdeckel und kopiere die zum Schulanfang mitgebrachten Passfotos der Kinder und dazugehörigen Lehrerinnen, damit auch ohne Lesefähigkeit die richtigen Adressaten gefunden werden können.

Am nächsten Tag kommen die Kinder das erste Mal mit unserer Freinet-Druckerei in Berührung. Wir legen die Reihenfolge fest, wer und wann seinen Namen und seine Telefonnummer setzen und für alle vervielfältigen darf. Diese Liste wird für die Kinder sichtbar in der Druckecke aufgehängt. Jedes Kind wird von mir einzeln eingewiesen und mit allen Arbeitsschritten der Druckerei vertraut gemacht. Das ausgewählte Kind darf sich ein anderes zur Unterstützung oder auch nur zum Zuschauen aussuchen. In der Zeit, in der ich mit Kindern in der Druckecke arbeite, darf ich von anderen Kindern nicht gestört werden. Da ich die Einweisung in die Handhabung der Druckerei mit jedem Kind einzeln vornehme, wird jedem Kind meine ungeteilte Aufmerksamkeit zuteil. Das bespreche ich mit den Kindern vorher, und es wird in den meisten Fällen dann auch akzeptiert. Für die Einweisung aller Arbeitsgänge brauche ich zwischen 20 und 30 Minuten.

Von den mitgebrachten Zetteln schreibe ich die Namen und Telefonnummern mit einem gut färbenden Stift in großer Schrift für jedes Kind noch einmal ab und hänge dieses Blatt an die Wäscheleine in der Druckecke. Das entsprechende Kind sucht sich dort seinen Namen heraus, oftmals sicherlich mit meiner Hilfe, pinnt es in Augenhöhe an ein Pinnbrett oder Ähnliches, stellt die notwendigen Druckutensilien bereit und beginnt nach einer kurzen Erklärung der Suchfolge und Handhabung der Lettern mit der Arbeit.

Danach ermittelt das Kind anhand der ausgehängten Klassenliste (Namen mit Foto) die Anzahl der Kinder und Lehrerinnen. Die Papierseiten werden abgezählt und danach auf zwei bis drei Stapel verteilt. Weil an den folgenden Arbeitsgängen zwei bis drei Kinder mitarbeiten können und diese meist alle Arbeitsgänge auch selbst durchführen möchten, wird ein Wechsel der verschiedenartigen Tätigkeiten untereinander vorgenommen. Der Wechsel erfolgt dann, wenn ein Blätterstapel leer geworden ist. Das ist für die Kinder leicht zu erkennen, und sie sind konzentrierter bei ihrer Arbeit, weil sie nicht nachfragen und klären müssen, wann sie endlich tauschen können. Bevor die Kinder mit der Vervielfältigung beginnen, müssen sich alle an diesem Prozess Beteiligten eines unserer „Drucker-T-Shirts" (alte T-Shirts der Eltern oder größeren Geschwister mit kurzem Arm) überziehen, um ihre Kleidung vor der Druckerfarbe zu schützen.

Ein Kind färbt die Walze mit der gewünschten Farbe ein und rollt sie über die in der Presse liegenden Buchstaben, ein anderes legt das Papier auf die eingefärbten Buchstaben, und ein weiteres bedient die Presse und hängt das Blatt zum Trocknen an eine Wäscheleine, die quer durch den Raum gespannt ist, oder an einen Wäscheständer.

Wer seinen Namen und die Telefonnummer bereits gesetzt hat, klebt danach einen Klebepunkt neben den Namen auf der „Reihenfolgeliste", so dass für alle sichtbar wird, wer fertig ist und wer noch nicht dran war. Jedes Kind erhält sämtliche Blätter mit seinem eigenen Namen und der dazugehörigen Telefonnummer.

Am nächsten Tag nimmt sich jedes Kind seine Seiten und verteilt diese nacheinander an alle Personen. Im Anschluss daran werden die Seiten jedes Kindes mit den zugeschnittenen Deckeln zusammengeheftet. Damit sich niemand an den Heftklammern verletzt, klebe ich Textilklebeband in der notwendigen Breite um den sogenannten Buchrücken. Inzwischen haben wir zum Bücherbinden in der Schule eine Buchbindestanzmaschine angeschafft, die ausgiebig genutzt wird.

An einem anderen Tag geht es an das „praktische" Telefonieren. Ich hatte mir vor langer Zeit zahlreiche ausrangierte alte Telefone von der Post besorgt und auch von Eltern alte Geräte geschenkt bekommen, so dass ich jedem Kind ein Telefon zur Verfügung stellen kann.

Die Telefone werden verteilt. Jedes Kind hat sein selbstgefertigtes Telefonbuch vor sich und schlägt seine eigene Seite auf. Ich bin die „Telefonistin", wähle und spreche dazu laut die Namen eines Kindes. Sie dürfen dabei nicht sehen, welche Seite ich in meinem Buch aufgeschlagen habe. Danach benutze ich eine Klingelglocke, die so lange geläutet wird, bis sich das angewählte Kind meldet. Alle Kinder müssen aufpassen, ob ihre Nummer genannt wird. Das angerufene Kind nimmt den Hörer ab, und das Gespräch kann beginnen. Dieses Telefonspiel wird noch einige Wochen lang immer wieder von den Kindern aufgegriffen. Ich lasse es mit der gesamten Klasse oder in kleinen Gruppen spielen, wobei dann auch die Kinder die Anrufer sind. Allmählich entwickeln die Kinder aus den zunächst meist stereotypen Fragen und Antworten eine Fragelust und Erzählfreude, die sich sehr positiv auf ihr Sprachverhalten und ihre sprachliche Ausdrucksfähigkeit auswirken.

Ergänzt wird dieses Projekt durch eine kleine Geschichtenreise in die Zeit, in der es noch kein Telefon gab; wir sprechen über die Bedeutung des Telefons in unserer heutigen Zeit, über mangelnde Zugriffsmöglichkeiten für kleine Kinder in den Telefonzellen, darüber, dass das Telefonieren auch zu Hause Geld kostet, dass man inzwischen auch Karten als Geldträger zum Telefonieren benutzen kann usw.

Zur Vorbereitung dieses Projektes gehört, wie zu vielen anderen Projekten auch, unbedingt ein Elternabend, auf dem die Eltern über den Sinn dieses Vorhabens informiert werden. Weil die Kinder ihr selbstgemachtes Telefonbuch nach Hause mitnehmen wollen, um dann die Freundin, den Freund oder ihre Lehrerin anzurufen, müssen sicherlich die Eltern mit ihren Kindern Absprachen treffen, damit die Telefonkosten sich in Grenzen halten.

Im Allgemeinen bricht nach diesem Projekt tatsächlich eine allgemeine „Telefonitis" aus. Die Eltern müssen wissen, dass die Kinder mich anrufen dürfen, und das auch am Wochenende. Sie fragen telefonisch nach, wenn sie etwas vergessen haben, oder erinnern mich daran, was ich ihnen mitbringen wollte, und verabreden sich telefonisch mit ihren Klassenkameraden zum Spielen. Dieses Projekt wirkt sich auf die sozialen Kontakte in der Klasse sehr positiv aus.

In den Klassenversammlungen wird das Telefonieren nun auch zum regel-mäßigen Tagesgespräch. Es wird berichtet, wer welches Kind angerufen hat und aus welchem Grund. Es wird nachgefragt, warum niemand zu Haus war oder mit wem telefoniert wurde, weil nur das Besetztzeichen ertönte. So manches Kind hat sich nun auch schon mal verwählt und wundert sich über den fremden Namen und die Stimme, die einen nicht kannte. Es wird bespro-chen, wie man sich in einer solchen Situation verhält.

Während des gesamten Projektes mache ich Fotos von den einzelnen Arbeitsabläufen. Diese Fotos lasse ich von den Kindern in eine chronologische Reihenfolge bringen. Dabei wird ernsthaft diskutiert, überlegt und viel gelacht. Die Kinder machen Textvorschläge, die erörtert werden. Die ausgewählten Sätze zu den Fotos, die die Entstehung des Telefonbuches dokumentieren sollen, schreibe ich nach Anweisung der Kinder in großer fetter Schrift dazu. Das Buch wird zusammengebunden und findet in unserer Bücherecke seinen Platz. Viele Kinder lesen später unseren hospitierenden Kollegen und Eltern daraus vor oder erklären anhand der Bilder die Herstellung ihres Telefon-buches.

Herbstbuch

Eingestimmt wird das Thema durch das Reporterspiel mit dem Mikrofon: „Ich bin der Herbst, und was bist du?" Das Kind antwortet dann, was ihm spontan dazu einfällt, zum Beispiel: „Ich bin der Sturm (das bunte Blatt …)."

Wir gehen auf unseren großen Spielplatz und Schulhof, auf dem sich überwiegend Kastanienbäume befinden. Jedes Kind legt sich für kurze Zeit auf den Boden unter einen Baum seiner Wahl und schaut in die Baumkrone, beobachtet, wie der Wind die Blätter von den Bäumen weht, spürt die Blätter auf seinem Körper „landen", nimmt die Höhe des Baumes mit seinen vielen unterschiedlich langen Armen, den krummen und den geraden, wahr.

Wir ziehen unsere Schuhe und Strümpfe aus, laufen durch das Laub, hören es rascheln, spüren die Feuchtigkeit und die Kälte an unseren Füßen, reiben sie anschließend mit den Händen warm und ziehen Strümpfe und Schuhe wieder an. Diese Aktion ist für viele Kinder ein sehr nachhaltiges Erlebnis. Einige verhalten sich sehr zögerlich, weil man doch zu dieser Jahreszeit nicht barfuß laufen darf.

Andere genießen es hocherfreut mit gespannten Blicken, so etwas Außerge-wöhnliches tun zu dürfen. Ein Elternabend war wie immer vorangegangen. Danach werden einzelne Blätter mit der Lupe genauer betrachtet, die Adern bewundert, Blätter werden mit den Händen zerrieben und in kleinen Plastik-hüllen aufbewahrt. Anschließend sammeln die Kinder die Blätter in Eimern und schütten sie zu einem großen Blätterberg auf, um danach in diesen farbenfrohen Berg hineinzuspringen. Wir machen eine Blätterschlacht, umarmen Bäume, fühlen die rauhe Rinde, zu der man auch „Borke" sagen kann, und zählen zum Schluss alle Bäume des Spielplatzes und des Schulhofes.

Für das Abzählen der Bäume verteile ich Bleistifte und Zettel, die auf einer Klemmunterlage befestigt werden. So können sie jeden gezählten Baum durch ein Symbol auf dem Zettel darstellen. Auf unserem Spielplatz und Schulhof befinden sich immerhin mehr als zwanzig Bäume.

Die Auswertung erfolgt in der Klasse. Da es kein einheitliches Zählergebnis gibt, müssen wir noch einmal hinuntergehen, um gemeinsam nachzuzählen. Ein Kind hat plötzlich die Idee, die bereits gezählten Bäume mit einem Kreidestrich zu versehen, damit ein Baum nicht zweimal gezählt wird. Ein Kind holt die „Zählkreide", und es geht los.

Zurück in unserer Klasse fragen mich zwei Kinder, ob wir nun nicht auch noch unsere riesige Menge Kastanien zählen wollen, die sie in einer großen Kiste vor einigen Tagen gesammelt hatten.

Ich lasse sie schätzen, wie viele Kastanien sich in unserer Kiste wohl befinden. Es werden Zahlen zwischen 50 und 1 000 genannt.

Einzelne Kinder wollen wissen, wie viele es tatsächlich sind. Sie legen die Kastanien zu Zehnern, machen Strichlisten und übertragen diese Bündelungen auf ein großes Papier, indem sie immer zehn Kastanien aufmalen und ein Netz herum zeichnen. Es sind 462 Kastanien. Für die Kinder war dies eine hoch motivierte und spannende Tätigkeit. Sie schreiben sich das Endergebnis auf, um es stolz überall herumzuzeigen.

Unterschiedliche bildnerische Aktivitäten (Baumzeichnungen, Blätterdruck, Rubbelbilder, Basteleien) schließen sich an. Von einem Ausflug in den Wald bringen wir weitere gesammelte herbstliche Naturmaterialien mit. Wir lernen ein Herbstgedicht, singen Herbstlieder, kaufen auf dem Markt ein, kochen Apfelmus, stellen Apfelsaft her und backen auch einen Apfelkuchen. Während dieser Herbstaktion habe ich wie auch sonst bei unseren Aktivitäten sehr viele Fotos gemacht, die auf einem Tisch ausgelegt werden.

Die Kinder suchen sich ein oder mehrere Fotos aus, kleben sie auf vorbereitete Kartonpapiere, schreiben einen Text dazu oder diktieren mir ihren Satz. Einige tippen ihren Satz auch mit der Schreibmaschine ab. Aus den gemalten Bildern und den Verschriftungen zu den Fotos ist ein dickes Herbstbuch geworden, dessen Deckblatt ihren Lieblingsbaum (ein kranker Baum mit einem großen Loch, in dem Pilze wuchsen und der inzwischen leider gefällt werden musste) zeigt. Das Foto des Lieblingsbaumes habe ich mit einem Farbkopierer auf DIN A4 vergrößert, auf den Buchdeckel aufgeklebt und mit durchsichtiger Folie bezogen. Es ist ein wunderschönes Buch geworden.

Mit zwei gelernten Baum-Liedern, die auch gespielt werden, schließen wir dieses Projekt ab.

Experimente

Einmal entdeckten Kinder in unserem Bücherregal Experimentierbücher zu unterschiedlichen Sachthemen, und sie schauten sich diese Bücher intensiv und neugierig an. Es handelte sich um eine Experimentierbilderbuchreihe mit anschaulichen klaren Bildern und Anleitungen („Mein erstes Buch …" von der Luft, vom Wasser, vom Licht, vom Schall, vom Magnetismus, von der Elektrizität, vom Wachsen, von der Farbe, aus dem Tessloff Verlag).

Als mich ein Kind fragte, ob wir daraus was machen können, willigte ich ein, machte aber darauf aufmerksam, dass wir erst die Dinge zusammensuchen müssen, die wir dazu brauchen. Die Kinder entschieden sich mehrheitlich für das Thema „Luft".

„Mein erstes Buch von der Luft" bietet eine Fülle von Versuchen, die alle auch zu Hause durchgeführt werden können. Das grundlegende Wissen wird in verständlichen und kurzen Sätzen vermittelt. Alle Experimente sind einfach durchzuführen und werden mit deutlichen Fotos Schritt für Schritt erklärt. Alle Experimentiermaterialien, die für einen Versuch benötigt werden, sind übersichtlich durch Fotos abgebildet, unter denen die jeweiligen Wortbegriffe stehen. Die Kinder schrieben oder malten die benötigten Dinge aus dem Buch ab, um zu Hause nachzuschauen, ob diese Materialien bei ihnen vorhanden sind. Ich denke, die meisten der in diesem Buch aufgeführten Gegenstände sind in jedem Haushalt zu finden oder sehr leicht und meist kostenlos zu beschaffen.

Ich besorgte die restlichen Gegenstände. Nach einer Woche hatten wir alles beisammen, was wir benötigten.

Den ersten Versuch durfte sich ein Lehramtsstudent aussuchen, der in meiner Klasse zu der Zeit ein Praktikum absolvierte und der besonderes Interesse an dem Thema „Die Kraft der Luft" hatte. Er dachte sich für seinen Einstieg etwas ganz Besonderes aus. Er erschien als Zauberer, verkleidet mit einem wunderschönen Umhang und einem Zaubererhut, und war kaum wiederzuerkennen. Die Kinder saßen im Halbkreis, so dass alle Kinder gut sehen konnten. Die benötigten Experimentiergegenstände lagen auf einem farbigen Tuch auf dem Boden. Einen Tisch hatte er auch bereitgestellt. Es konnte losgehen. Für seinen Versuch brauchte er lediglich einige schwere Bücher und einen Luftballon.

Zuerst legte er einen unaufgeblasenen Luftballon auf den Tisch. Er musste ein bisschen über die Tischkante hinausragen, damit er später aufgeblasen werden konnte. Auf den platten Luftballon kam ein Stapel Bücher. Nun wurde der Luftballon von ihm aufgeblasen. Die Luft übte Druck aus, und der aufgeblasene Luftballon hob den Bücherstabel so weit an, dass er umfiel.

Die Vorführung war ein voller Erfolg, und die Kinder konnten kaum abwarten, das Geschehene nun selbst auszuprobieren.

Fünf bis sechs Wochen hatte ich für die Themen dieses Buches eingeplant, was sich als realistisch erwies. Ich wollte die Kinder ein- bis zweimal in der Woche zum Staunen bringen, ihre Neugierde wecken und somit ihre Beobachtungs- und Konzentrationsfähigkeit fördern, und das ohne den Einsatz von Fernseh- oder Videofilmen. Es gelang mir jedesmal.

Je nach Versuchsart arbeiteten die Kinder allein, mit einem Partner oder in einer kleinen Gruppe. Solche Experimente kamen bei allen Kindern gleichermaßen gut an und werden mit Sicherheit sehr lange in Erinnerung bleiben.

Werden Kerzen oder andere gefährliche Dinge für die Experimente gebraucht, wird man mit den Kindern über die jeweiligen Gefahren selbstverständlich sprechen und gegebenenfalls auch darauf aufmerksam machen müssen, dass bestimmte Versuche nur in Anwesenheit eines Erwachsenen ausprobiert werden dürfen.

Zu folgenden Themen hatten wir aus dem erwähnten Buch Versuche angestellt:

- Wie viel Luft enthält deine Lunge?
- Luft ist überall
- Versteckte Luft
- Die Kraft der Lunge
- Luft zerdrückt
- Ein magischer Verschluss
- Das Gewicht von der Luft
- Fallschirmspringer
- Ein Flugzeug aus Papier
- Was ist in der Luft?
- Erstaunliches mit Luftballons
- Luftballon mit Düsenantrieb
- Licht aus
- Luft als Stütze

Nach den Demonstrationen bekamen die Kinder immer Gelegenheit, die Versuche selbst auszuprobieren. Ich hatte zwei Experimentiertische aufgebaut, auf denen das erforderliche Material zur Verfügung stand. Es wurde intensiv und begeistert genutzt. Die Kinder waren konzentriert und ausdauernd dabei.

Zum Schluss haben wir die dabei entstandenen Fotos mit den Kindertexten im Flur ausgehängt. Stolz berichteten die Kinder ihren Eltern und Schülern aus den Nachbarklassen von ihren Experimenten, und einzelne von ihnen versuchten auch schon Erklärungen dazu abzugeben.

Auf die Idee, sachkundliche Experimente in dieser Weise in den Anfangsunterricht hineinzunehmen, bin ich leider erst während meiner Montessori-Ausbildung gekommen. Die Ausbilderinnen haben durch ihre praktischen Demonstrationen ohne verbale Beschreibungen auch bei uns, den erwachsenen Teilnehmerinnen, erreicht, Neugierde zu wecken und uns zum Staunen zu bringen. Eine wesentliche Erkenntnis war für mich dabei, dass wir Pädagogen uns diese Fähigkeit des entdeckenden Lernens häufig erst aneignen oder wiederentdecken müssen. Aber es lohnt sich, wenn wir unseren Kindern diese wichtigen Erfahrungen nicht vorenthalten wollen, und über mangelnde Motivation konnte ich nicht klagen, im Gegenteil!

Demonstrationen solcher Art beschränke ich nicht nur auf den sachkundlichen Bereich. So kann auch das richtige Halten und Tragen eines vollen Glases mit gefärbtem Wasser, das einem anderen Kind im Sitzkreis übergeben werden soll, ohne Wasser zu verschütten, zu einem nachhaltigen Ereignis werden. Und wenn die Aufgabe noch um ein weiteres Glas Wasser erschwert wird, also zwei gefüllte Gläser von einem Kind übernommen und beide an ein anderes übergeben werden, ohne die Gläser abzustellen, ist die Spannung für die Kinder so hoch, dass wir alle den Atem anhalten. Alle zittern und freuen sich, wenn sie es geschafft haben, und niemand wird getadelt, wenn etwas verschüttet wird. Was dabei gelernt wird?

Die Kinder lernen, die Aufmerksamkeit auf einen Gegenstand zu richten. Konzentration, Geduld, Geschicklichkeit, Augen-Hand-Koordination, Körperbeherrschung, Körperanspannung und Entspannung und das Zusammengehörigkeitsgefühl in der Gruppe werden gestärkt. Diese lebenspraktische Übung wird ebenfalls ohne Worte erst von der Lehrerin demonstriert und anschließend von den Kindern, die es möchten, fortgesetzt.

Wir übernachten in der Schule

Diese Idee wurde von einem Kind am Ende einer ersten Klasse während einer Klassenversammlung eingebracht. Eine Idee, die uns sehr gefiel. Ich besprach dieses Vorhaben zunächst mit der Erzieherkollegin, die meine Kinder am Nachmittag betreute. Sie war sofort damit einverstanden, an einem Wochenende mit mir dieses Projekt zu realisieren.

Wir unterbreiteten unserer Schulleiterin diesen Wunsch. Sie fiel zunächst aus allen Wolken, amüsierte sich aber köstlich über diese bisher noch nie an sie herangetragene Idee. Nach der ausführlichen Darlegung meines Planes versprach sie mir, sich für diese originelle Idee einzusetzen. Aus Sicherheitsgründen wollte sie sich aber noch sachkundig machen, was zusätzlich bei der Durchführung dieses Vorhabens beachtet werden müsste. Nach zwei Tagen hatten wir ihr Einverständnis.

Ich trug den Eltern unser Anliegen auf einem Elternabend vor und freute mich über ihre Aufgeschlossenheit in dieser Sache. Sie waren sehr überrascht und einstimmig der Meinung, dass sie selber als Kind niemals auf die Idee gekommen wären, im Schulgebäude zu übernachten, fanden aber, dass es ihnen sicherlich auch Spaß gemacht hätte, wenn ihr damaliges Klassenzimmer so gemütlich gewesen wäre wie das ihrer Kinder. Wir einigten uns auf einen Termin an einem Wochenende.

Als die Kinder am nächsten Tag zur Schule kamen, war die Begeisterung groß. Die meisten Kinder hatten bereits von ihren Eltern erfahren, dass die Schulübernachtung stattfinden durfte. In unserer Klassenversammlung stellten sie Fragen über Fragen, und ich bemühte mich geduldig alle Fragen zu beantworten. Es wurde herumgealbert, gekichert und gelacht, aber drei nachdenkliche Gesichter waren mir auch nicht entgangen. Als ich mit den betreffenden Kindern das Gespräch suchte, erfuhr ich, dass zwei von ihnen befürchteten, dass ihre Eltern es nicht erlauben würden, an unserer Übernachtungsaktion teilzunehmen. Ihre Eltern waren auch nicht auf dem Elternabend, und die Sorge der Kinder war durchaus begründet. Hier stand mir noch eine schwere Aufgabe bevor.

Das dritte Kind druckste erst ein bisschen herum, fragte dann aber doch, ob es sein Deckbett, Kopfkissen und Kuscheltier mitnehmen dürfe. Als ich das bejahte, schob es noch weitere Fragen nach und erklärte mir, dass es sich noch überlegen müsse, ob es mitmachen wolle. Ich teilte der gesamten Klasse mit, dass niemand bei der Übernachtung mitmachen muss, dass ich mich aber freuen würde, wenn alle Kinder unserer Klasse mit dabei sein würden. An diesem Tag wurde nicht viel gearbeitet, dafür sehr viel geredet, gefragt, geantwortet, Gefühle wurden gezeigt und geäußert; kurzum, es war ein ausgesprochen kommunikativer Tag.

In zwei Wochen sollte das Vorhaben stattfinden. In dieser Zeit sollten alle weiteren auftauchenden Fragen der Kinder geklärt werden:

- Wann müssen wir ins Bett?
- Können wir Fernsehen oder Video schauen?
- Liest du uns abends was vor?
- Machen wir auch Musik?
- Was essen wir?
- Wo schlafen wir?
- Können wir Gespenst spielen im Dunkeln?
- Müssen wir arbeiten?
- Und wenn ich nach Hause möchte?
- Kann ich meine Mama anrufen?

Die Kinder hatten nur noch eines im Kopf und das war die Übernachtung in der Schule. Ich besprach mit den Kindern, was sie alles für das geplante Wochenende mitbringen sollten. Die genannten Dinge wurden in Sätze gekleidet und als Elternbrief von mir auf ein großes Plakat geschrieben. Die Kinder hatten Zeit, im Laufe des Tages diesen Text abzuschreiben, um ihn mit nach Hause zu nehmen, damit nichts vergessen wird.

Endlich war es so weit. Die Eltern brachten ihre Kinder an dem betreffenden Freitag vollbepackt in die Schule. Wir hatten erreicht, dass alle Kinder an dieser Aktion teilnehmen durften.

Die meisten brachten einen Schlafsack und ein kleines Kopfkissen, einen Schlafanzug, ein Kuscheltier und Waschzeug mit. Zahnputzsachen hatten alle Kinder ohnehin in der Schule, da sie sich nach dem Mittagessen dort regelmäßig die Zähne putzen. Zur großen Freude der Kinder hatten alle Eltern eine Taschenlampe eingepackt.

Kindern, die keine entsprechende Ausstattung von zu Hause mitbekommen konnten, erhielten Matratzen, Decken, Laken und Kissen vom Freizeitbereich. Lebensmittel für das Abendbrot hatten die Eltern besorgt. Am Samstag sollte es auf Wunsch der Kinder zum Mittagessen Spaghetti mit Fleischsoße und Eis als Nachtisch geben. Dieses Essen hatten Eltern zu Hause vorgekocht und wir brauchten es nur noch aufzuwärmen.

Um 17.00 Uhr, nachdem das letzte Betreuungskind abgeholt und die Räume gereinigt waren, wurde die Schule zugeschlossen und wir waren mit den Kindern alleine. Jetzt gab es kein Halten mehr. Zu meiner Überraschung packten alle Kinder sofort ihre „Übernachtungspakete" an ihren bevorzugten Plätzen, unter oder neben den Tischen, aus. Schlafsäcke wurden begutachtet und Schlafanzüge angezogen. Es war zunächst ein ziemliches Durcheinander. Ich hatte nicht damit gerechnet, dass das Bettenmachen für sie einen so hohen

Stellenwert haben könnte. Als die ersten von ihnen begannen, sich ihr Schlaf-lager herzurichten, und ich fragte, ob sie denn auf dem harten Boden schlafen wollen, stellten sie plötzlich fest, dass sie die Matratzen noch nicht ausgelegt hatten. Sofort rannten alle zu der Kammer, in der die Matratzen aufbewahrt wurden. Es handelt sich hier um kleinere leichte Matratzen, die Kinder allein tragen können.

Schließlich hatten es die Kinder tatsächlich geschafft, sich ihr Schlafgemach gemütlich herzurichten. Einige Kinder hatten sich ein gemeinsames Lager unter einer Tischgruppe eingerichtet und hatten nun eine Schlafhöhle. Die meisten hatten sich in Vierer-, Dreier- oder Zweiergruppen aufgeteilt und die Matratzen eng aneinander geschoben, wobei es nicht konfliktlos zuging. Zwei meiner schwierigen Kinder wurden als Bettnachbarn abgelehnt und es gab Tränen. Nach unserer Diskussion über dieses Problem wurden sie dann glücklicherweise doch aufgenommen. Einige Kinder lagen im Bett und lasen sich gegenseitig kleine Geschichten oder Bilderbücher vor, zwei Kinder übten das Lesen mit der Lesekartei, andere malten oder schrieben, drei Mädchen in Nachthemden spielten „Damen im Frisiersalon" und schminkten sich. Nach ungefähr einer Viertelstunde tobten dann die wildesten Kinder in ihren Schlaf-anzügen in den Fluren herum. Es wurde Verstecken und Erschrecken gespielt, andere waren plötzlich wieder angezogen und wollten auf dem Spielplatz spielen.

Meine Kollegin und ich bereiteten mit Kindern, die dazu Lust hatten, das Abendessen vor, wir grillten Würstchen und Buletten, bereiteten den Salat zu, deckten den Tisch und alle Kinder saßen kurze Zeit später begeistert im Schlafanzug, im Nachthemd oder vollständig angezogen beim Abendessen.

Danach gingen wir in den Filmraum und schauten uns den Video-Film „Das Dschungelbuch" gemeinsam an. Es war gut, dass ich nicht mit den Kindern allein war, sondern durch meine Kollegin unterstützt wurde, die ihre zwölfjäh-rige Tochter dabei hatte. So konnten wir auf die unterschiedlichen Wünsche der Kinder recht gut eingehen. Nach dem Film kamen die Taschenlampen zum Einsatz. Wir liefen durch das dunkle Schulhaus, in dem es knackte und knarrte, und es wurde einigen doch recht unheimlich zumute. Nach der Katzenwäsche und dem Zähneputzen ging es dann ins Bett. Ich hatte vermutet, dass es Protest geben würde, aber genau das Gegenteil war der Fall.

Ich machte die ihnen bekannte „Traummusik" an, die ich des Öfteren auch im Unterricht zur Entspannung einsetze und die von ihnen sehr gemocht wird. Es dauerte nicht lange und es breitete sich eine wohltuende Ruhe aus. Ich ging leise zu jedem Kind, wünschte ihm eine gute Nacht und einen schönen Traum. Danach legte ich mich auf eine Matratze, bis das letzte Kind eingeschlafen war.

Nachdem alle schliefen, hatten meine Kollegin und ich nun Zeit, uns über unsere bisherigen Eindrücke auszutauschen und miteinander zu plaudern. Wir machten noch einen Rundgang durchs Haus und kontrollierten, ob alle Türen verschlossen waren, räumten die Küche auf und legten uns dann auch schlafen.

Gegen sechs Uhr wachten die ersten Kinder, danach ich auf. Ich hatte am Abend vorher schon Zwieback und Tee für den ersten Hunger und Durst bereitgestellt und bat die Kinder, sich möglichst noch ruhig zu verhalten, damit andere noch schlafen können. Gegen sieben Uhr waren alle aufgewacht. Der Geräuschpegel schwoll an und es war Zeit zum Aufstehen. So dachten aber nicht alle. Viele Kinder blieben liegen und unterhielten sich mit ihren Nachbarn, andere waren schon wieder bei der schulischen Arbeit und einige drängte es bereits auf unseren Spielplatz. Nach unserem gemeinsamen Frühstück und einer kurzen Besprechung des Tagesablaufs konnte jedes Kind innerhalb unserer Regeln das tun, was es wollte.

An den Vorbereitungen für das Mittagessen beteiligten sich freiwillig mehrere Kinder. Sie deckten auch den Tisch. Um das anschließende Abwaschen des Geschirrs brauchten sich meine Kollegin und ich nur bedingt zu kümmern. Den Kindern machte diese Tätigkeit großen Spaß. Die meisten berichteten, dass diese Arbeit zu Hause von der Geschirrspülmaschine übernommen wurde. Nur ein Kind wusste, in welcher Reihenfolge es sinnvoll ist, das Geschirr abzuwaschen. Der Nachmittag ging schnell vorbei.

Unsere vorbereiteten Spiel- und Bastelangebote wurden nur bedingt wahrgenommen. Es bereitete den Kindern großes Vergnügen, das zu tun, was sie wollten. Es wurde gespielt, gearbeitet, gefaulenzt, auf dem Spielplatz herumgetobt und Fußball gespielt. Nach dem Abendbrot wurden gemeinsame Spiele gespielt, gesungen und getanzt. Zum Abschluss des Tages machten wir noch einen Spaziergang auf unserem dunklen Spielplatz, den einzelne Kinder mit ihren Taschenlampen nach Gespenstern absuchten.

Um 21 Uhr lagen alle Kinder müde im Bett. Während des Vorlesens schliefen einzelne Kinder bereits tief und fest. Ich schaltete unsere „Traummusik" an und wünschte den Kindern, die noch nicht eingeschlafen waren, das zweite und letzte Mal eine gute Nacht. Es war zu spüren, dass sich viele von ihnen schon auf den morgigen Tag freuten, an dem sie von ihren Eltern wieder abgeholt werden sollten. Schließlich hatten sie ihnen ja viel zu berichten.

Am Sonntag hatten wir um 11.00 Uhr mit den Eltern und Kindern ein gemeinsames Frühstück verabredet, das sehr reichhaltig ausfiel. Die Eltern deckten die Tische und bereiteten ein leckeres Frühstück vor. Den Kaffee hatte ich gekocht. Für die Kinder gab es Saft und Milch. Nach dem Frühstück konnten sich die Kinder auf dem Spielplatz noch austoben, während die Eltern und wir das Geschirr abwuschen und aufräumten; denn wir mussten sowohl unseren Klassenraum als auch die Flure, die Teeküche und den Essraum wieder sauber verlassen. Jüngere oder ältere Geschwisterkinder nahmen an unserem Frühstück selbstverständlich ebenfalls teil. Es herrschte eine wunderschöne Atmosphäre, und ich bin sicher, diese Übernachtungsaktion werden die Kinder noch sehr lange in Erinnerung behalten.

In den darauffolgenden Jahren hatte ich mit anderen Klassen ebenfalls ein Übernachtungswochenende durchgeführt. Inzwischen gibt es weitere Kolleginnen, die ihren Kindern diesen Wunsch erfüllen. Die Möglichkeit, in der Schule mit einer Klasse zu übernachten, hatte sich wie ein Lauffeuer herumgesprochen.

Für das Buch, das wir im Anschluss an dieses Wochenende in Form einer Nacherzählung geschrieben und mit den passenden Fotos illustriert hatten, brauchten wir drei Wochen. Der lautsprachliche und der von ihnen mit viel Sorgfalt abgeschriebene Text in Reinschrift sowie die dazugehörigen Fotos wurden in dieses Buch integriert. Es war ein überaus motivierender Schreibanlass für alle Kinder. Dieses Buch wurde für alle Kinder kopiert und gebunden. Die Eltern hatten das Kopieren übernommen und bezahlt. Ich übernahm das Bücherbinden. Am letzten Schultag in der ersten Klasse erhielten alle Kinder dieses Buch als Überraschung, zusammen mit ihrem Zeugnis.

Monatliche Tagebücher

In einer Klasse hatte ich mit den Kindern über ein ganzes Jahr in jedem Monat ein Erlebnistagebuch geführt – ausgenommen waren die Sommerferien. Ich hatte für jeden Monat Kopiervorlagen hergestellt, auf denen sich das jeweilige Datum, eine Lineatur und ein Bilderrahmen befanden.

Am Ende eines jeden Tages sollten die Kinder überlegen, was für sie das interessanteste Ereignis war. Darüber musste oftmals diskutiert werden. Bei Meinungsverschiedenheiten wurde abgestimmt. Das ausgewählte Ereignis, das häufig etwas ganz Alltägliches war, durfte nur in einem längeren oder zwei

Wir haben keine
Schule. Es ist
nämlich
Samstag.
Roswitha

4

Am Sonntag sind wir,
Lena und ich zur Schule
gegangen. Heute
bin ich alleine
gekommen.

5

Heute sind 5 Eier
im Nest von Max
und Maxie.

Marian

6

kurzen Sätzen formuliert werden, damit diese auf den vorbereiteten Kopiervorlagen Platz fanden. Wenn die Kinder in gemeinsamer Arbeit des Nachden-
kens zu einem Ergebnis gekommen waren, schrieb ich ihren Text auf das
vorbereitete Blatt. Am nächsten Tag wurde in der Klassenversammlung besprochen, wer zu diesem Kurzbericht ein passendes Bild malen wollte. Oft wurde
das Bild von dem Kind gemalt, das auch den Textvorschlag formulierte, der
am Ende angenommen wurde.

Die Kinder sollten zum Malen keine farbigen Filzer benutzen, da die Farben
auf den Kopien nicht zu sehen sind. Sie benutzten schwarze Filzer oder dickere
Bleistifte. Manchmal wurden auch Fotos geklebt. Diese täglich entstandenen
„Wochentageblätter" kopierte ich für alle Kinder. Sie hatten die Möglichkeit,
die gezeichneten Bilder auszumalen, und sammelten ihre Bilder bis zum
Monatsende in einer Einlegemappe. Eine zusätzliche Kopie wurde sichtbar an
eine Pinnwand geheftet, so dass am Monatsende der gesamte Kalendermonat
zu sehen war.

Auf diese Weise erlebten die Kinder, dass die Monate nicht alle gleich lang
waren. Sie lernten Zahlen in ihrer Reihenfolge zu sortieren und sie besaßen
Lesetexte, die sie an bestimmte Ereignisse unserer Unterrichtsarbeit erinner-
ten. Da an den Wochenenden (Samstag und Sonntag) schulfrei ist, wurden am
Montag die Wochenenderlebnisse der Kinder einbezogen. Für diese beiden
Tage konnten nur zwei Kinder ihre Erlebnisse formulieren, es musste ab und
zu abgestimmt werden, welcher Text genommen werden sollte. Wenn die
Kinder sich nicht einig wurden, verteilte ich weitere Blätter des gleichen
Wochentages an die schreibfreudigen Kinder. Sie durften sich aussuchen,
welchen Text sie für ihr Buch kopiert haben wollten.

Am Monatsende sortierten die Kinder die Blätter und brachten sie in die
richtige Reihenfolge. Sie konnten sich dabei an den Blättern orientieren, die
an unsere Pinnwand geheftet waren, oder unsere Hundertertafel benutzen.

Danach wurden ihre gesammelten Blätter zu einem Monatsbuch mit einem dazu passenden Deckblatt gebunden. Im September war es eine Collage aus verschiedenen Fotos von Obstbäumen, die ich mit den Kindern auf einem Spaziergang in Schrebergärten gemacht hatte, im Oktober war es ein Bild mit Wind und Drachen, im November ein Foto unseres Spielplatzes im Nebel, im Dezember das Foto unseres Weihnachtsbaumes in der Klasse usw.

Für längere Ferien hatte ich den Kindern, die es wollten, ein fertig gebundenes Buch mitgegeben, in das sie selber oder die Eltern etwas einschreiben konnten.

Diese Bücher hatten sehr viel Arbeit gemacht. Ich musste jeden Tag darauf achten, dass wir unseren Tagesbericht nicht vergaßen, die Kinder an die zu malenden Zeichnungen erinnern und kopieren und Bücher binden. Die Kinder hatten sehr viel Freude an diesen Büchern, und sie lernten dabei viele Dinge aus unterschiedlichen Lernbereichen zu verknüpfen. Für die meisten Kinder gehörten diese Bücher zu ihren beliebtesten Lesetexten, und sie waren überaus stolz, „soo" viele Bücher zu besitzen. Ich hatte die Eltern gebeten, ihren Kindern ein eigenes Bücherregal einzurichten, was viele von ihnen auch machten.

Büchermachen lohnt sich

Seit vielen Jahren ist das Büchermachen mit den Kindern ein wesentlicher Bestandteil meiner Arbeit im Anfangsunterricht. Im Laufe der Zeit sind aus der Arbeit mit den Kindern meiner Klassen zahlreiche Bücher entstanden. Von den gemeinsam hergestellten Büchern, die den Kindern besonders gut gefallen haben und von denen es aber nur ein Exemplar für die ganze Klasse gab, wurden auf Wunsch Kopien angefertigt.

In vielen Jahren entstanden so folgende Bücher:

Jahreszeitliche Bücher: Herbstbuch, Winterbuch, Frühlingsbuch, Sommerbuch, Im Botanischen Garten, Monatstagebücher.

Koch- und Backbücher: Apfelkuchenbuch, Wir backen Pizza, Wir backen Crêpes, Obstsalat, Weihnachtsbäckerei.

Feste: Faschingsbuch, Geburtstagsbücher, Weihnachtsbuch, Osterbuch, Mutter- und Vatertagsbuch, Was meine Mama (Papa, Eltern, Oma, Opa oder …?) gerne mag.

Bücher aus dem Schulleben: Maxie und Stephan spielen Hochzeit, Wir übernachten in der Schule, In der Turnhalle, Was ich schon alles kann, Telefonbuch, Einschulungsbuch, Namengeschichten, Beim Schulzahnarzt, Klassentagebücher.

Bücher über Gefühle: Ich freue mich, wenn …, Ich bin traurig, wenn …, Ich bin wütend, wenn …, Traumbuch, Angstbuch.

Tierbücher: Der Igel, Hoppel, der Hase, Es war einmal ein Fuchs, Zoobuch.

Sonstige: Ferienbücher.

Anregungen für viele einfache, kleine, leicht herzustellende Falt- und Klappbücher habe ich im Heft „Zauberstift 1" von Eva Maria Kohl, Verlag Volk und Wissen, gefunden.

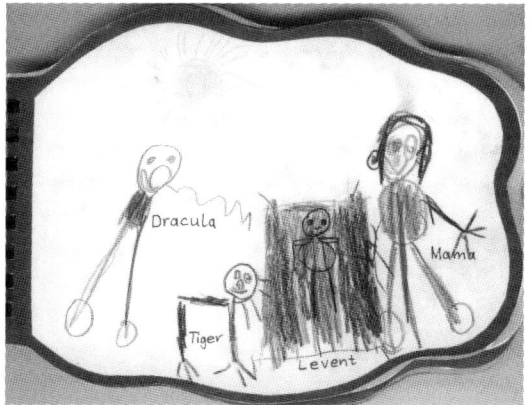

6. Rechnen

Die Voraussetzungen, die die Kinder für den Lernbereich Mathematik in die Schule mitbringen, sind genauso vielfältig wie in allen anderen Lernbereichen. Es gibt Kinder, die im Zahlenraum bis 20 bereits Plus- und Minusaufgaben lösen können, was nicht heißen muss, dass sie dabei verstehen, was sie tun.

Es gibt andere Kinder, die stolz berichten, dass sie schon bis 20 oder 100 zählen können. Und es gibt diejenigen, die fähig sind, bis 10 zu zählen, aber nicht wissen, welche Menge sich hinter der Ziffer 10 verbirgt. Manche Kinder müssen beim Würfel auch die Menge 3 noch abzählen, um festzustellen, wie viele Felder sie bei einem Brettspiel vorwärts gehen dürfen.

Werden vorhandene Vorstellungen von Ziffer und Menge unsicher oder falsch mit dem Zahlwort verbunden, kann die Zahlbegriffsentwicklung behindert oder sogar verhindert werden. Das Gleiche gilt auch, wenn die Begriffe des mathematischen Sprachgebrauchs nicht durch vielfältige konkrete Erfahrungen mit Inhalt gefüllt wurden. Sie müssen praktisch erfahren haben, was sich zum Beispiel hinter dem Zeichen „Plus" (dazutun, hinzutun, zusammen) verbirgt, um es verstehen zu können. Sie müssen sozusagen eine neue Sprache, die Sprache der Mathematik, erlernen. Geht es nicht vielen Erwachsenen im Zeitalter neuer Medien ebenso? Mir ging es zumindest vor einigen Jahren, bevor ich mich auf den Computer eingelassen habe, ähnlich. Meine Motivation war so stark, dass ich beharrlich und intensiv nachgefragt und mich über jeden Wissenszuwachs sehr gefreut habe. Ich hatte glücklicherweise mehrere Bekannte, die in der Lage waren, mir meine Fragen anschaulich und geduldig zu erklären.

Es ist es also unerlässlich, an der Lernausgangslage eines jeden Kindes (auch Erwachsenen) anzusetzen, um kontinuierliche, aufeinander aufbauende Lernschritte zu erzielen. Das bedeutet, dass wir herausfinden müssen, auf welcher Niveaustufe sich jedes Kind befindet, um dann zu entscheiden, welche Materialien wir zur Verfügung stellen und anbieten müssen, um Entwicklungsfortschritte aller Kinder zu ermöglichen. Da die Entwicklungsunterschiede innerhalb einer Klasse bis zu drei Jahren betragen können, müssen Materialien bereitgestellt werden, die diese unterschiedlichen Niveaustufen einzeln berücksichtigen.

So befinden sich in unserer Rechenecke auch Bau- und Legosteine, geometrische Formen, Mosaiktäfelchen, Knöpfe, Muggelsteine, diverse Plastiktiere, Zäune und Bäume, Filmdöschen, Wendeplättchen, Sortierschüsseln, Würfelspiele, Domino, Zuordnungs- und Tastmaterial, Behälter zum Gießen und Schütten, Brettspiele, eine Dose gefüllt mit Pfennigstücken. Sehr beliebt waren bei meinen Kindern auch die „Mathebärchen" (AOL-Verlag), die sich mit ihren unterschiedlichen Merkmalen gut für Merkmalspiele und Zuordnungsübungen eignen. Im spielerischen Umgang mit den Mathebärchen war es vielen Kindern möglich, sich mit den Begriffen wie „gleich viele, weniger, mehr, dazutun und wegnehmen" vertraut zu machen und diese im Spiel mit anderen Kindern selbstständig und selbstverständlich anzuwenden.

Der Rechenzug

Sehr beliebt und vielfältig einsetzbar ist auch der Rechenzug, den ich auf einem Fortbildungsseminar von Rainer R. Kutzer kennengelernt habe. Der Rechenzug besteht aus einer Lokomotive mit zehn Anhängern. In jeden Anhänger können zehn grüne Kisten (Einer) eingeladen und gegen eine zusammenhängende Platte, auf der die einzelnen zehn Kisten wie bei einer Tafel Schokolade zu erkennen sind, eingetauscht werden (Zehner).

Weil das Montessori-Material die Zehner in roter Schrift darstellt, habe ich die ursprünglich blauen Platten des Rechenzuges rot lackiert, um die Kinder nicht zu verwirren. Bei den Zehnern musste ich glücklicherweise nichts verändern, da diese beim Montessorimaterial ohnehin in grüner Schrift erscheinen.

Mit diesem Rechenzug darf frei und nach vorgegebenen Spielregeln gespielt werden. So können zum Beispiel mit Bausteinen oder Schuhkartons Bahnhöfe gebaut werden, an denen eine bestimmte Anzahl von Kisten abgeladen und verteilt werden muss. Mit diesem Rechenzug können alle Grundarten im Zahlenraum bis 100 anschaulich gerechnet werden.

Der Rechenzug übt auf viele Kinder eine große Motivation aus und bleibt bis zum Ende der ersten, oft auch in der zweiten Klasse das bevorzugte Rechenmaterial.

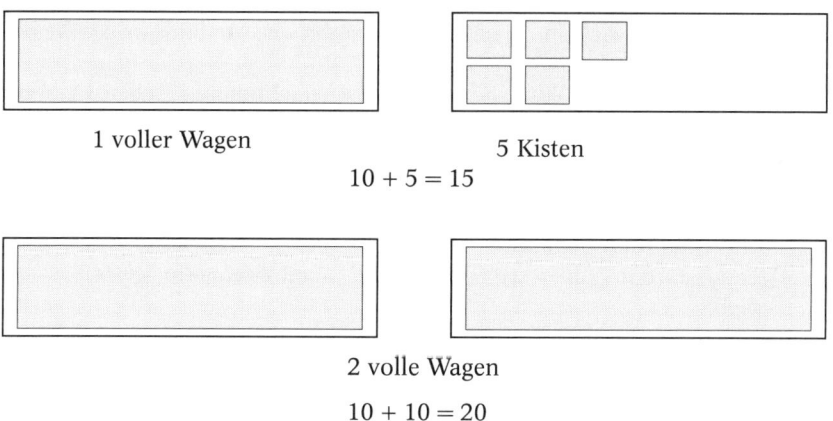

1 voller Wagen   5 Kisten

$$10 + 5 = 15$$

2 volle Wagen

$$10 + 10 = 20$$

Rainer R. Kutzer stellt unter anderem zahlreiche Spiele für ein Diagnoseverfahren vor, mit denen jeder Pädagoge und jede Pädagogin leicht herausfinden kann, auf welcher Niveaustufe sich Kinder im Bereich des Rechnens befinden. Erst nach dieser Feststellung ist es seiner Meinung nach möglich, gezielte Fördermaßnahmen für ein individuelles Weiterkommen einzuleiten, wobei die Kinder weder unter- noch überfordert, aber herausgefordert werden sollten.

Über die Notwendigkeit der Veränderungen im Lernbereich Deutsch ist in den letzten zehn Jahren sehr viel diskutiert und reflektiert worden. Das hat zu Veränderungen geführt.

Und was ist mit Mathematik? In diesem Bereich brauchen wir längst ebenfalls neue Ideen und Impulse und vor allem neue didaktische Konzepte und Inhalte. Meine Kinder lernen im binnendifferenzierten Unterricht zwar selbstgesteuert, sie dürfen sich aussuchen, mit welchem Material und zu welcher Zeit sie rechnen wollen (oder sollen?), und ich versuche auch die neuen Erkenntnisse und Anregungen von Fortbildungsveranstaltungen, aus Fachzeitschriften und Fachbüchern aufzugreifen und umzusetzen, aber die Inhalte des Rahmenplanes sind dieselben geblieben, was auch auf die Schulbücher zutrifft. Was sich bei den Schulbüchern meines Erachtens geändert hat, ist lediglich die Aufmachung. Auch bei mir hat sich leider inhaltlich und didaktisch im Lernbereich Mathematik nicht so viel verändert wie im Lernbereich Deutsch. Was ich in diesem Bereich entscheidend geändert habe, ist wohl eher die Unterrichtsorganisation.

Sehr beeindruckt hatte mich allerdings der Artikel von Angela Glänzel „Sich mit dem Denken der Kinder verbünden".[1] Sie praktiziert entdeckendes Lernen konsequent auch im Mathematikunterricht. Angela Glänzel schreibt in diesem Artikel, dass sie sich in ihrer Arbeit auf Paul le Bohec bezieht, einen bedeutenden Mann aus der Freinet-Pädagogik, der seit über 25 Jahren in seinen altersgemischten Klassen versucht hat, konsequent den Gedanken und Theorien der einzelnen Kinder nachzugehen und mit der Gruppe gemeinsam daraus Mathematik zu entwickeln. Er hat über die natürliche Methode im Mathematikunterricht ein Buch geschrieben.[2]

Dieses Buch und seine Workshops haben ihr neue Impulse gegeben. In ihrem Artikel berichtet sie über die vier Mathe-Ateliers, die sie damals in ihrer dritten Klasse eingerichtet hatte:

1. Forscherstation „Flächen" (Flächeninhaltsberechnungen)
2. Übungsstation „Malnehmen" (Übung des Einmaleins und Vorbereitung der schriftlichen Multiplikation)
3. Museum „Große Zahlen" (Erweiterung des Zahlenraums in den Millionenbereich)
4. Erfinderecke (Bereich für freie mathematische Erfindungen)

---

1 Wagenschein: Erinnerung für morgen, Beltz Verlag, Weinheim 1983
2 Paul le Bohec: Verstehen heißt Wiedererfinden – Natürliche Methode und Mathematik, Verlag Pädagogik-Kooperative, Bremen o. J.

Ihr ausführlicher Artikel[3] und das Buch „Verstehen heißt Wiedererfinden" machen mir große Hoffnung, dass sich in dem Lernbereich Mathematik doch einiges in einer interessanten Richtung bewegt.

Die Lern- und Rechenstrategien der Kinder sind oftmals verschieden. Sie favorisieren auch unterschiedliche Anschauungsmaterialien. Weist ein Kind eine Rechenschwäche auf, ist es notwendig herauszufinden, wie es vorgeht, ob und auf welchem Weg es zu einer Lösung kommt, und worin der Grund für die Bevorzugung eines bestimmten Rechenmaterials liegt. Manchmal wird es sinnvoll sein, dem Kind eine andere Strategie anzubieten und ihm ein anderes Material nahe zu bringen.

Zusätzlich muss berücksichtigt werden, dass auch die Lernmotivation von großer Bedeutung sein kann, weshalb die emotionale Befindlichkeit der Kinder im unterrichtlichen und außerunterrichtlichen Raum ebenfalls mit einbezogen werden muss.

Rainer R. Kutzer hat in seinen zahlreichen Untersuchungen herausgefunden, dass den Kindern bereits im Kindergarten, aber auch im Anfangsunterricht eine falsche Zählstrategie beigebracht wird, die sehr problematisch ist, wenn die Kinder noch nicht in der Lage sind, Mengen und Anzahl im Zusammenhang zu sehen. Beispiel:

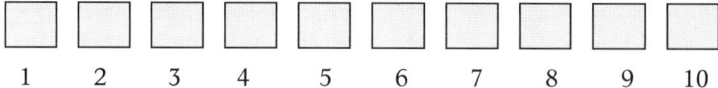

1   2   3   4   5   6   7   8   9   10

Diese Zählweise ist sehr problematisch, weil das Kind jedes Element als einzelnes wahrnimmt. Wenn es 1 zählt, muss es sich um ein Element handeln. Zählt es 2, so müsste es das erste und zweite Kästchen zum Beispiel mit dem Finger umfahren, damit es sie als Einheit 2 begreift.

Bei dem Perlenmaterial nach Montessori ist zum Beispiel die Menge der Perlen durch einen festen Draht miteinander verbunden. Das Kind kann sie als Einheit wahrnehmen.

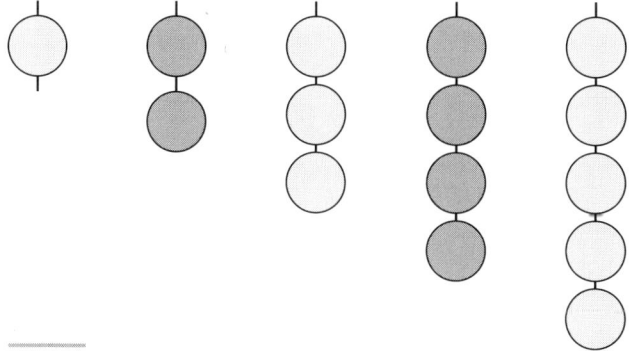

---

3   In: „Grundschulzeitschrift" Heft 72/94, Velber

Das Montessori-Mathematikmaterial ist sehr umfangreich und hat einen hohen Aufforderungscharakter für die Kinder. Wer sich für die Montessori-Materialien, ihre Darbietung und Anwendung interessiert und wissen will, wie sie in Montessori-Kinderhäusern und -Schulen vorgeschrieben sind, kann sich an die Montessori-Gesellschaften oder -Vereine wenden, und sich dort auch über Fort- und Ausbildungskurse informieren.

Das Foto zeigt die Numerischen Stangen des Montessori-Materials. Diese dienen dem Erwerb des Zahlbegriffs im Zahlenraum bis 10. Zu diesem Material gehören zehn Stangen. Sie sind in jeweils zehn Zentimeter lange rote und blaue Abschnitte eingeteilt. Die kürzeste Stange ist rot. Jede Stange entspricht einer Zahl. Die einzelnen Stangen werden nach der Anzahl ihrer Abschnitte benannt (zum Beispiel vier Abschnitte = 4, das ist 4), die Ziffernkarten können daneben gelegt werden.

Selbst gemachte Rechenmaterialien

Ich habe vor mehreren Jahren diverse Rechenspiele hergestellt, die meistenteils gut von den Kindern angenommen wurden. Anregungen dafür habe ich unter anderem in dem Buch von E. Calliess: „Spiel- und Lernladen", Klett Verlag, Stuttgart 1977, für Vorschulkinder gefunden. Viele Spiele habe ich mir auch ausgedacht, wobei ich Ideen aus Fortbildungsveranstaltungen ebenfalls aufgenommen habe. Diese ohne großen Aufwand selbst hergestellten Lernspiele, für die ich vielfach kostenloses Material verwendete, konnte ich sehr schnell in meiner Klasse einsetzen. Sehr beliebt war folgendes Spiel:

Man braucht: 20 Bierdeckel, Lackfolie in zwei verschiedenen Farben, große Klebemarkierungspunkte in einer Farbe, reichlich echte Pfennigstücke, einen Mengen- und einen Ziffernwürfel. Es ist ein Spiel für zwei Kinder. Ein Spieldurchlauf besteht aus zwei Runden.

Zehn Bierdeckel habe ich von beiden Seiten mit gelber, weitere zehn Bierdeckel mit grüner Lackfolie beklebt, so dass die Menge mit der dazugehörigen Ziffer verglichen werden kann. Das heißt, jedes Kind bekommt einen Spielsatz von zehn Bierdeckeln einer Farbe. Auf die eine Seite wird mit einem dicken schwarzen wasserfesten Stift eine Ziffer von eins bis zehn geschrieben. Auf die Rückseite dieser Deckel habe ich je nach Ziffer die entsprechende Anzahl von Klebepunkten geklebt.

Zwei Kinder sitzen sich gegenüber. Sie legen die Bierdeckel nebeneinander vor sich hin, wobei ich nicht auf der richtigen Zahlenreihenfolge bestehe. Sie können die Ziffern oder die Punkte nach oben legen, je nachdem, welche Variante sie spielen wollen.

Ein Kind beginnt zu würfeln. Hat es eine Fünf gewürfelt, darf es auf den Deckel mit den fünf Klebepunkten fünf Pfennige auflegen. Es kann die Pfennige aber auch auf unterschiedliche andere Deckel aufteilen. Wer zuerst seine Bierdeckel mit Pfennigen belegt hat, hat die erste Runde gewonnen. Nun müssen die Pfennige wieder abgewürfelt werden. Derjenige ist Sieger, der als erster keine Pfennige mehr auf seinen Bierdeckeln hat. Die Kinder spielen dieses Würfelspiel bereits begeistert in der Vorklasse. Ein Reiz dieses Rechenspieles war sicher der, dass hier mit echtem Geld gespielt wurde.

Die Anzahl der Deckel kann auch reduziert, aber auch auf 20 erweitert werden, wobei zusätzliche Würfel mit ins Spiel gebracht werden müssen. Dieses Spiel kann mit Augen- oder Ziffernwürfeln gespielt werden. Die Pfennige befinden sich in Filmdosen.

Selbst hergestellte Arbeitsmaterialien bewahre ich gern in durchsichtigen Plastikschachteln auf, weil die Kinder sofort sehen können, um welches Material es sich handelt. Übrigens passten die Kinder sehr gut auf, dass keine Pfennige verschwanden.

Viele weitere leicht anzufertigende Spiele sind in dem Buch von Dagmar Köppen: „70 Zwiebeln sind ein Beet", Beltz Praxis, Weinheim 1988, zu finden.

Zur Herstellung einer Rechenkartei habe ich Bilder aus alten Rechenbüchern ausgeschnitten, sie auf Karteikarten geklebt und Rechenaufgaben dazugeschrieben. Die Lösung schrieb ich auf die Rückseite. Diese Aufgaben wurden gern in Partnerarbeit gerechnet und mussten nicht aufgeschrieben werden. Brauchbare und leicht umzusetzende Ideen entdeckte ich im Übrigen bald auch in Katalogen von Freiarbeitsverlagen. Ich gehe davon aus, dass die Kinder mit allen Rechenmaterialien, die ihnen zur Verfügung gestellt werden, zunächst einmal spielerisch umgehen dürfen. Es muss ihnen möglich gemacht werden, die Materialien zu erkunden und auch zweckentfremdet zu verwenden, was einen pfleglichen Umgang selbstverständlich nicht ausschließt.

Nur wenn ich den Kindern Zeit gegeben habe, mit den Materialien zu spielen und frei damit zu experimentieren, werden sie fähig sein, neue Materialien als Materialien zum Lernen zu sehen und sich eher auf mathematische Konzepte zu konzentrieren als auf die Materialien selbst. Ohne freies Erforschen bleibt das Spielbedürfnis und Spielinteresse der Kinder unerfüllt, und dieses Bedürfnis wird sie erbarmungslos verfolgen, wenn es für sie Priorität hat. Ein Beispiel:

Kippe ich eine Schachtel mit Knöpfen auf dem Tisch aus und will erreichen, dass die Kinder diese Knöpfe nach bestimmten Vorgaben sortieren, muss ich ihnen zuerst die Gelegenheit geben, sich von der Vielfalt der Knöpfe stimulieren und faszinieren zu lassen. Diese Knöpfe können eine Serie von unterschiedlichen Gedanken in den Kinderköpfen auslösen. Ein Kind wird die Knöpfe vielleicht nach Farben ordnen wollen, ein anderes nach der Größe, ein weiteres nach der Anzahl der Knopflöcher, nach der Form oder nach der Materialbeschaffenheit, und es wird sicherlich auch Kinder geben, die identische Paare suchen. Auch der Wunsch, einen Knopf anzunähen, ist nicht ausgeschlossen, ebensowenig wie die Frage, wem der Knopf wohl mal gehört hat. Ich glaube, wenn wir in der Lage sind, uns in Kinder hineinzuversetzen, wird deutlich, dass es nicht allen Kindern möglich sein wird, Knöpfe ausschließlich als Rechenmaterial zu verstehen.

Materialzirkel

Manche Dinge stelle ich den Kindern innerhalb unserer Klassenversammlung vor. Andere Materialien werden in kleinen Gruppen demonstriert und ausprobiert. Manchmal teile ich die Kinder für einen sogenannten „Materialzirkel" auch in Gruppen auf, um sie mit unterschiedlichen Materialien vertraut zu machen. Diese Form ist in jedem anderen Lernbereich ebenso durchführbar.

Nach unserer Klassenversammlung verteile ich zum Beispiel die unterschiedlichen Materialienbehälter auf dem Boden. In einer Plastikwanne befinden sich vielleicht diverse Knöpfe, in einer anderen Bausteine, in einer weiteren Perlen, in der nächsten Mosaiktäfelchen und in der letzten Legosteine. Die Kinder ordnen sich den jeweiligen Materialien zu, müssen aber darauf achten, dass eine vorgegebene Zahl an Plätzen an einem Material nicht überschritten werden darf. Sie müssen sich also einigen. Ich greife nach Möglichkeit nicht ein.

Nach etwa 20 bis 30 Minuten erfolgt ein Stationen- oder Schalter-Wechsel. Gibt es zum Beispiel Kinder, die keine Lust mehr haben, sich mit den Legosteinen zu beschäftigen, weil sie jetzt gern mit den Mosaiktäfelchen spielen möchten, so dürfen sie dies tun, aber nur dann, wenn ein Kind aus der Gruppe mit den Mosaiktäfelchen bereit ist, an den Platz mit den Legosteinen zu wechseln. Das hat den Vorteil, dass die Gruppengröße erhalten bleibt.

Wenn in dieser Form kontinuierlich an jedem Tag mit den Kindern gearbeitet wird, klappen der Wechsel und die Absprachen der Kinder untereinander erfahrungsgemäß recht gut. Nach dieser Phase werden die Materialien von jeder Gruppe wieder weggeräumt, und wir treffen uns zu einer Austauschrunde, wobei es in Absprache auch möglich ist, entstandene Bauwerke und Ähnliches bis zu dieser Abschlussrunde stehen zu lassen, um sie den anderen Kindern zu zeigen.

Erst die spielerischen Erfahrungen mit Mengen und Zahlen schaffen die Voraussetzungen für das bewusste und planmäßige Zählen und Rechnen. Seit langer Zeit bin ich dazu übergegangen, für die Kinder selber Rechenbücher aus ausgewählten Kopiervorlagen anzufertigen, in denen es Übungsseiten und kleine Rechenspiele gibt, die selbstständig bearbeitet werden dürfen und zu denen auch ein Lösungsbuch zur Selbstkontrolle bereitliegt.

Wenn eine neue Aufgabenart beginnt, ist die Seite entsprechend gekennzeichnet, so dass die Kinder wissen, bis wohin sie arbeiten dürfen. Falls sie darüber hinausgehen möchten, muss dies mit mir abgesprochen werden.

Sind mehrere Kinder an der gleichen gekennzeichneten Seite angelangt, lade ich zu einer Einführung der neu anstehenden Aufgabenart ein. Das heißt, die Demonstration neuer Aufgabenstellungen erfolgt in der Regel individuell oder in kleinen Gruppen. In meinem binnendifferenziert geführten Unterricht habe ich es noch nie erlebt, dass alle Kinder zur gleichen Zeit auf ein und derselben Seite angekommen sind. Das betrifft alle Lernbereiche, nicht nur das Rechnen.

Rechengeschichten

Ich habe für die Kinder kleine Textaufgabenbücher hergestellt, die bei den meisten Kindern der absolute Renner waren. Bei diesen Textaufgaben ist die Aufgabenstellung nicht vorgegeben, so dass sie von den Kindern entwickelt werden kann. Dabei habe ich sehr schnell erkannt, dass Kinder sehr unterschiedliche Aufgaben konstruieren, die für uns vielleicht nicht immer einsichtig erscheinen. Die Kinder selbst konnten mir ihre herausgefundenen Aufgabenstellungen allerdings immer erklären. Für die Kinder waren das übrigens keine Rechenbücher, für sie waren es Rechengeschichtenbücher.

Ein Buch habe ich „Hexe Hurtig" und das andere „Kater Karlo" genannt. Auf jeder Seite gibt es lediglich eine zu konstruierende Aufgabe mit einem knappen Text. Zunächst waren einige Kinder etwas irritiert, weil sie keine fertige Aufgabenstellung vorfanden, und fragten, was sie denn nach dem Lesen des Textes machen sollen. Andere konstruierten sofort, ohne lange zu überlegen, eine Rechenaufgabe.

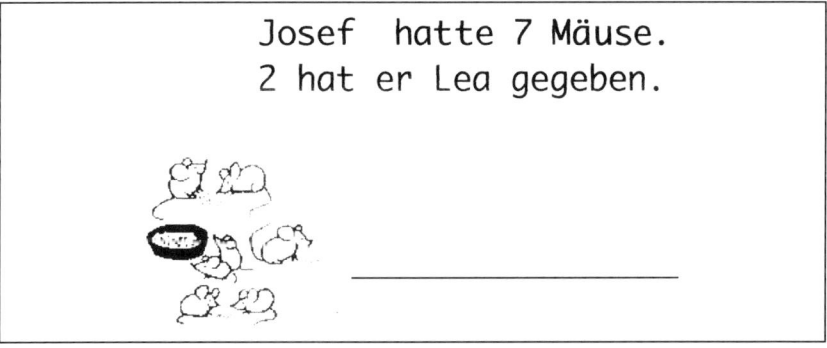

So sprach ein Kind bei dem nachfolgenden Beispiel vor sich hin: „2 hat er Lea gegeben und 5 hat er noch" und schrieb: 2 + 5 = 7. „Wenn er sie sich wieder zurückholt, hat er 7."

Ein anderes Kind wiederholte den Text vor sich hin sprechend: „7 hatte er, 2 hat Lea gekriegt", und schrieb 7−2 = 5. „Dann hat Josef nur noch 5 Mäuse."

Es gibt bei anderen Aufgabentexten noch viele andere Varianten. Als die beiden Kinder ihre Lösungen verglichen und sich nicht einig wurden, wurde ich geholt. Ich ließ mir von jedem Kind erklären, wie es zu dieser Aufgabe gekommen ist. Während der Erklärungen stellten sie selber fest, dass ihr Nachdenken über die gleiche Aufgabe verschieden war. Sie gestanden sich gegenseitig zu, dass sie beide Recht gehabt hatten. Sie experimentierten seitdem bei allen weiteren Textaufgaben von „Hexe Hurtig" mit unterschiedlichen Aufgabenvariationen und waren hocherfreut, wenn sie vielfältige Lösungsmöglichkeiten entdeckten.

7. Musik, Bewegungserziehung und Bildende Kunst

Singen und Tanzen

Da ich das Singen von Liedern und andere musikalische Aktivitäten in den täglichen Schulvormittag integriere, lernen die Kinder in relativ kurzer Zeit viele Lieder und Tänze. Jedes Lied, das sie gelernt haben, wird von mir für sie kopiert, möglichst mit Text und Noten. Diese Lieder sammeln wir in einem persönlichen Liederordner. Schon bald nehmen zunächst einzelne Kinder von sich aus ihren Liederordner mit in den Stuhlkreis unserer täglichen Klassenversammlung. Sie legen Wert darauf, die richtige Seite aufzuschlagen (ich habe sie in der Reihenfolge, in der wir die Lieder gelernt haben, durchnummeriert), vergleichen sie mit der Seite in meinem Ordner anhand von Bildern oder dem Blattaufbau und haben das Gefühl, ohne Noten- und Lesekenntnisse „vom Blatt zu singen", für Besucher oft ein faszinierender Anblick und für die Kinder selber eine sehr ernst genommene Tätigkeit.

Es ist zum Ritual geworden, dass die uns besuchenden Personen sich ein Lied wünschen dürfen, wobei die Kinder jedesmal versuchen, ihre Lieblingslieder anzupreisen, und dabei auch manchmal Glück haben. Weil sich sehr häufig Besucher zum Hospitieren ansagen, entsteht bei den Kindern schnell das Bedürfnis, sich ebenfalls Lieder aussuchen zu dürfen. Von da an wird die Frage nach einem Wunschkonzert häufig gestellt. Je nach Anzahl der erlernten Lieder und Freude am Singen kann das Wunschkonzert lange dauern. Aus diesem Grund findet es in der Regel nur einmal in der Woche statt, und zwar freitags oder montags.

Nun gibt es auch bei den Kindern sogenannte Hits, die immer wieder gewünscht werden, aber nicht von allen Kindern gleichermaßen. Sehr schnell fallen dann Bemerkungen wie „Immer dasselbe", „Ist ja langweilig". In solchen Fällen müssen Absprachen getroffen werden. Die Kinder verhandeln untereinander, und meistens verlaufen darauf folgende Abstimmungen konfliktlos.

Verfügen sie bereits über einen umfangreichen Liederschatz (ab circa 15 Lieder) und werden immer die gleichen Lieder in der Klassenversammlung ausgewählt, gibt es eine Regel, die besagt, dass erst dann ein Lied wiederholt ausgesucht werden darf, wenn alle anderen Lieder einmal gesungen wurden.

Praktisch sieht das folgendermaßen aus: Alle Lieder werden auf einem Plakat aufgelistet. Jeden Tag wird ein von den Kindern bestimmtes Wunschlied gesungen unabhängig von den neu einzuführenden Liedern. Neben diesem

Plakat hängt alphabetisch geordnet eine Liste mit den Namen der Kinder. Hat sich das erste Kind ein Lied ausgesucht, werden sein Name in der Liste und das ausgesuchte Lied mit einem Klebepunkt versehen, damit wir nicht vergessen, wer und welches Lied bereits „dran" war. Ein Lied mit einem Klebepunkt darf erst dann wieder ausgewählt werden, wenn bereits alle anderen Lieder einen Klebepunkt erhalten haben. Das hat den Vorteil, dass bestimmte Lieder nicht in Vergessenheit geraten. Die Gruppe entscheidet, ob ein Lied gestrichen wird, wenn es nicht mehr gemocht wird. Die Liederliste wird kontinuierlich erweitert.

Beim zweiten Durchgang gibt es auf der Liederliste Klebepunkte einer anderen Farbe. Die Namensliste wird in einer anderen Reihenfolge neu geschrieben. Darauf legen die Kinder großen Wert; denn das letzte Kind auf der Namensliste will verständlicherweise nicht immer als letztes aussuchen müssen.

Auch während und zwischen unseren Arbeitsphasen oder in einer gemeinsamen Pause gebe ich den Kindern die Möglichkeit, mit mir gemeinsam zu singen. Diese Kinder gruppieren sich um das Klavier und singen begeistert ein Lied nach dem anderen. Die weiterarbeitenden Kinder singen je nach Tätigkeit von ihrem Platz aus mit, und selbst lesende oder rechnende Kinder lassen sich bei ihren Arbeiten dadurch nicht stören.

Liedertexte werden mit den Kindern zunächst rhythmisch erarbeitet. Wir sprechen die Strophen gemeinsam und in vielfältigen Variationen, zum Beispiel laut-leise, hoch-tief, schnell-langsam. Das macht Spaß und der Text prägt sich schneller ein. Die Kinder bekommen auf diese Weise schon ein Gefühl für den Rhythmus des Liedes und können sich danach leichter auf die Melodie konzentrieren. Es werden auch Begriffe geklärt und Inhalte besprochen.

Danach spiele ich ihnen die Melodie des Liedes auf dem Klavier vor, um es anschließend gemeinsam mit ihnen zu singen, und wir unterstützen mit Handzeichen Tonlage und Lautstärke.

Bei der Auswahl der Lieder bemühe ich mich um ein vielfältiges Angebot, damit alle Kinder Freude am Singen entwickeln. So gibt es eine Auswahl von Liedern zu den Jahreszeiten und Festen, Wut- und Schimpflieder, Angst- und Gespensterlieder, traurige und fröhliche Lieder, Lieder zu Problemen unserer Umwelt, Tierlieder, Quatschlieder, Mitmachlieder, Friedenslieder, Lieder gegen Ausländerhass usw. Die Abneigung und Ablehnung gegen Kinderlieder mit „babyhaften" Texten und Leiermelodien ist groß und sie passen wohl auch nicht mehr in die Welt, in der Kinder heute leben.

Sobald die Kinder vielfältige Lieder kennengelernt haben und regelmäßig „Wunschkonzerte" stattfinden, lässt sich an ihrer getroffenen Auswahl oftmals erkennen, in welcher Stimmung sich Kinder befinden. Ihre Auswahl entspricht häufig, sicherlich meist unbewusst, ihrem Gefühlszustand. Manchmal sagen einzelne Kinder aber auch direkt, dass ihnen ein Lied besonders gut gefällt, „weil es so schön traurig ist", und sie bekennen: „Ich bin es nämlich auch."

Ich erinnere mich an ein Mädchen, das sich nur sehr schlecht konzentrieren konnte und der das Zuhören äußerst schwer fiel. Sie war eins meiner Problemkinder, sie kam aus sehr schwierigen häuslichen Verhältnissen, war ständig übermüdet und überfordert in der Verantwortung für ihre jüngeren Geschwister. Dieses Mädchen zeigte eine Vorliebe für Lieder mit traurigen Inhalten, die in einer Moll-Tonart geschrieben sind. Es war auffallend, dass diese Lieder sie zur Ruhe bringen konnten, sie sehr aufmerksam auf den Text hörte und sich danach oft ausgeglichener verhielt. Die Texte solcher Lieder lernte sie schneller als andere und konnte diese auch gut behalten.

Die gleiche Erfahrung konnte ich beim Vorlesen von Problemgeschichten bei ihr machen. Sie zeigte hier eine hervorragende Zuhörfähigkeit und setzte sich mit dem Inhalt aktiv auseinander.

Auch rhythmische Sprech- und Wechselgesänge, Hörübungen mit Geräuschen und das Vertonen von Geschichten mit Klanginstrumenten, aber auch das Heraushören von Instrumenten aus ausgewählten Musikstücken werden in unsere Klassenversammlungen integriert.

Um Kindern die klassische Musik nahe zu bringen, verwende ich hin und wieder „Klassik für Kinder" (Schallplatten oder Kassetten). Sehr beliebt ist zum Beispiel „Die Moldau" von Smetana. Die Musik wird mit überwiegend verständlichen Texten unterlegt, so dass aus der Musik heraus für die Kinder eine Geschichte entsteht. Manchmal erzähle ich ihnen die „Geschichte" auch vor dem ersten Hören. Wichtig ist es in jedem Fall, dass ich die Platte oder Kassette kenne, bevor ich sie einsetze, um mir zu überlegen, ob und wann ich sie für meine Gruppe verwenden kann.

Das Musizieren mit Instrumenten und das Begleiten von Liedern mit Rhythmusinstrumenten ist bei den Kindern sehr beliebt und kann auf unserer Freifläche schnell und unkompliziert erfolgen. Da für manche Tänze, Mitmachlieder und Bewegungsspiele der Platz in unserem Klassenraum nicht ausreicht, nutzen wir dafür einmal in der Woche unseren Mehrzweckraum, der auch mit einem Klavier, Musikinstrumenten und einer Musikanlage ausgestattet ist. Schulanfänger, die Hemmungen haben, sich zur Musik zu bewegen, gibt es sicherlich in jeder Klasse. In meinen Klassen waren es meistens Jungen, die sich vor solchen Aktivitäten „drückten". In ungünstig zusammengesetzten Klassen, mit einer deutlichen Mehrheit von Jungen, musste ich mir ständig etwas Neues einfallen lassen, um sie für solche Aktionen zu gewinnen. Oft sind es ja nur zwei „hartnäckige Fälle" einer Klasse, die aber einen ganzen Rattenschwanz anderer nach sich ziehen können, die meinen, sich ebenfalls verweigern zu müssen. Dann bleiben vielleicht noch einige Mädchen übrig, die zwar wollen, sich aber von den Jungen beobachtet fühlen und nun auch keine Lust mehr haben. Solche Probleme werden von mir immer zum Thema in unserer Klassenversammlung gemacht.

Wenn die betroffenen Kinder sich nicht äußern möchten oder können, forsche ich mit den anderen gemeinsam nach, und wir überlegen, was die

Ursache des Nicht-Mitmachens sein könnte. Wir diskutieren miteinander, wer vielleicht in anderen Bereichen auch schon mal solche Schwierigkeiten hatte und wie oder ob sie gelöst werden konnten. Es werden Vorschläge von Vorgehensweisen und Hilfen eingebracht. Spätestens an dieser Stelle werden auch die betroffenen Kinder in der Regel munter und beteiligen sich aktiv an der Diskussion. Schließlich geht die ganze Diskussion ja um sie, und nur sie selbst können beurteilen, welche Vorgehensweisen sie akzeptieren können und wollen. Sie stimmen zu oder lehnen ab und sind sehr erleichtert, manchmal auch irritiert, dass ihnen keine Ablehnung oder Vorwürfe, sondern Verständnis und Hilfen entgegengebracht werden. Ich gebe ihnen die Möglichkeit, eine Kassette mit ihrer Lieblingsmusik von zu Hause mitzubringen, und so manches Mal tanzte ein bisheriger Nichttänzer plötzlich „versehentlich" mit. In solchen Situationen gibt es immer lobende Worte und Bestätigung von den Kindern und mir. Manchmal ist es hilfreich, nicht zu zeigen, dass man das unerwartete Mitmachen bemerkt hat. Oft werden diese Kinder mutiger, wenn sie ausreichende Erfolgserlebnisse auch aus anderen Lernbereichen haben.

Des Öfteren habe ich auch Kinder aus den Nachbarsklassen in den Pausen zum Tanzen eingeladen. Häufig waren es unsere türkischen Jungen und Mädchen, die sich freuten, mitmachen zu dürfen. Meistens haben sie ihre eigenen Kassetten mit dazugehörigem Walkman ohnehin dabei. Zu dieser Musik zeigten einige Jungen ihre Breakdance-Kunststücke, die mit großem Beifall bedacht wurden. Aber auch die Mädchen legten sich ins Zeug. Ihre Spezialität war der Bauchtanz.

Bewegungserziehung

Die drei Stunden Sportunterricht, die unseren Kindern wöchentlich zur Verfügung stehen, reichen mit Sicherheit nicht aus, um den natürlichen Bewegungsdrang der Kinder ausreichend zu unterstützen und zu fördern. Ich versuche, dem Bewegungsdrang der Kinder Rechnung zu tragen, indem sie ihre Pausen – in Absprache mit mir – dann nehmen können, wenn sie sie brauchen. Sie dürfen je nach Wetter auf unseren Schulspielplatz, der auch von Kindern des hauseigenen Kindergartens benutzt wird und sehr viel Auslauf bietet und seit kurzer Zeit auch mit attraktiven Spielgeräten ausgestattet ist.

Bei sehr schlechtem Wetter können sie im Flur die immer noch beliebten Hopsespiele machen, Seilspringen, mit Schaumstoffbällen spielen oder sich im Jonglieren mit unterschiedlichen Materialien üben.

Auch im Klassenzimmer gibt es Raum für Bewegungsspiele, die häufig auch mit Musik ablaufen. Rennspiele dürfen hier allerdings nicht gemacht werden, weil hierbei eine körperliche Gefährdung der Kinder durch unsere Regale, Blumentöpfe, Werkzeuge, Materialien usw. gegeben ist. Das wird von den Kindern sehr schnell akzeptiert.

Bewegung ist für ein erkundendes, entdeckendes Lernen eine unabdingbare Voraussetzung und für viele Kinder notwendig, damit sie konzentriert und ausdauernd arbeiten können. Im Sommer verzichte ich weitestgehend auf die Turnhalle und gehe mit den Kindern auf unseren Spielplatz oder den begrünten Schulhof, auf dem sich vielerlei Spiele im Freien spielen lassen.

Die drei Stunden, die uns für die Bewegungserziehung in der Turnhalle zustehen, teile ich folgendermaßen auf: Eine Doppelstunde verbringen wir in der Turnhalle und eine Schulstunde auf unserem Spielplatz oder Schulhof. Ich halte eine Doppelstunde für Schulanfänger für sinnvoll, weil erfahrungsgemäß das An- und Ausziehen zumindest im ersten Vierteljahr noch viel Zeit beansprucht. Vor allem im Winter!

In der Turnhalle, die für viele Kinder einen großen Reiz ausübt, haben die Kinder neben Bewegungs- und Sportspielen immer genügend Zeit, sich auch an einigen Geräten zu erproben. Nach einer Einführung über die Regeln in der Turnhalle gestaltet sich der Anfang einer Bewegungsstunde immer gleich. Während die Kinder sich umziehen, hole ich zum Beispiel unterschiedlich große Bälle, Reifen, Springseile, ein Tau aus dem Geräteschrank und verteile diese in bestimmten Ecken der Turnhalle. So können sich die fertig umgezogenen Kinder mit diesen Geräten schon beschäftigen und müssen nicht warten, bis die langsameren Kinder fertig sind, diese wiederum geraten nicht unter Stress. Sie bemühen sich meist von allein, sich flink umzuziehen, denn die freie Bewegungszeit ist sehr beliebt.

Währenddessen hänge ich eine Bank als Rutsche in die Sprossenwand ein, lege an verschiedenen Stellen Matten aus, stelle einen Sprungkasten bereit und fahre die Kletterstangen, Seile oder Ringe aus.

Nachdem die Geräte aufgebaut sind, versammeln wir uns im Fußballtor, unserem Treffpunkt für Besprechungen, und besprechen die Regeln, die an bestimmten Geräten beachtet werden müssen. Da es einige Geräte gibt, die sich großer Beliebtheit erfreuen, wie die Seile und Ringe, wird der Sicherheitsabstand festgelegt und gekennzeichnet und darauf aufmerksam gemacht, dass es sinnvoll ist, sich zunächst an ein anderes Gerät zu begeben, damit die Wartezeit nicht so lang wird. Ich selbst befinde mich immer an dem Gerät, an dem die Kinder meine Hilfe oder meine Aufsicht besonders benötigen. Das ist je nach Geräteart unterschiedlich.

Bei dieser Vorgehensweise fallen das lästige Aufstellen in Riegen und die damit verbundenen Ermahnungen weg, wenn Kinder sich schubsen, auf die Füße treten, drängeln usw. Die Kinder wollen und sollen sich ja bewegen und nicht die ohnehin zu kurze Zeit in der Turnhalle mit wartendem Stehen, Anstehen oder Sitzen verbringen. Kinder entwickeln sehr viel Kreativität und Phantasie. Sie spielen Tarzan, Bergsteiger, Zirkus, ziehen sich an dem dicken Tau abwechselnd durch die Turnhalle, Geräte werden geschleppt, sie schwingen an den Ringen oder Seilen, versuchen Bälle in den Basketballkorb zu treffen, und das alles mit ungeheurem Spaß und ohne Konkurrenz. Ich denke, dass solche Sportstunden für Schulanfänger sehr angemessen sind. Bei diesem Angebot findet in der Regel wirklich jedes Kind Möglichkeiten, sich mit Freude zu bewegen.

Nach circa 45 Minuten beginne ich damit, die Geräte wieder abzubauen, wobei es immer einige Kinder gibt, die mir gern dabei helfen, sofern sie es schon können. Die Aufräumarbeiten sind bei den Kindern teilweise sehr beliebt und werden sehr lustbetont wahrgenommen. Sie sammeln Bälle und Reifen ein, die nicht immer dorthin rollen, wohin sie die Kinder haben wollen, Seile müssen entknotet und alles wieder an seinen Platz zurückgebracht werden, und ihr Selbstbewusstsein wächst sichtbar, wenn sie ohne meine Hilfe zu viert oder auch zu acht eine schwere Matte durch die Halle schleppen und sie auf den dazugehörigen Wagen zurren.

Nach der Aufräumaktion haben wir dann meist noch 20 bis 30 Minuten Zeit für die Vorstellung eines neuen Bewegungs- oder Sportspieles. Kinder, die hierbei nicht mitmachen wollen, dürfen zuschauen. Für mich ist es wichtig, vor allem wenn die Verweigerung über lange Zeit anhält, die Gründe dafür herauszufinden und flexibel darauf zu reagieren. Ich führe mit diesen Kindern kontinuierliche Gespräche und bemühe mich, großes Verständnis für ihre Ablehnung aufzubringen. Wenn ich die Ursachen herausbekommen habe, folgen ermutigende Gespräche, Absprachen und Kompromisse, aber nur wenn das Kind wirklich bereit ist und einwilligt. Hierbei werden meistens die Kinder der gesamten Klasse einbezogen, die über Lösungsvorschläge nachdenken und an den auch noch so kleinen sichtbaren positiven Veränderungen großen Anteil nehmen.

Nach den Turnstunden sind nicht nur viele Kinder, sondern auch ich körperlich „geschafft". Deshalb biete ich den Kindern nach unserem Frühstück, das wir an diesem Tag immer gemeinsam einnehmen, eine Entspannungszeit an. Wir legen uns auf den Boden auf unsere Sitzkissen und begeben uns bei meditativer Musik oder sphärischen Klängen für etwa 10 bis 15 Minuten auf individuelle Traumreisen. Wer nicht so lange durchhält, legt leise sein Kissen weg, sucht sich einen Platz und beginnt schon mit einer selbstgewählten Arbeit.

Sind alle Kinder von ihrer Traumreise zurückgekehrt und haben eine Tätigkeit gefunden, verläuft die anschließende Arbeitsphase auffallend ruhig und konzentriert. Ich bleibe oft am längsten liegen, und die Kinder reagieren darauf sehr verständnisvoll, zum Beispiel mit Bemerkungen wie: „Du kannst ruhig noch liegen bleiben!" oder: „Schlaf ruhig weiter!" Manchmal werde ich auch mit einer Decke liebevoll zugedeckt. Es ist sehr schön zu beobachten, wie rücksichtsvoll sie sich verhalten. Sie achten auch untereinander darauf, dass ich nicht gestört werde. Haben sie Probleme mit ihren Aufgaben, so helfen sie sich gegenseitig. Falls das Problem nicht gelöst werden konnte, kommen sie leise zu mir. Sie warten geduldig oder flüstern mir ins Ohr, dass sie mit ihrer Aufgabe nicht weiterkommen, oder sie führen ein lautes Selbstgespräch wie:

„Macht nichts, dann mache ich eben erst was anderes." Ich genieße die Ruhe und die entspannte Atmosphäre, und die Kinder finden diese Situation jedesmal amüsant, dass ich „schlafe" und sie arbeiten.

Bildnerisches Gestalten

Auch in diesem Bereich halte ich ein verständnisvolles und sensibles Vorgehen für unerlässlich.

Für ein Kind, das vor einem leeren Blatt Papier sitzt und zu malen beginnt, eine Geschichte von Zeichen und Formen entstehen lässt, um sich mitzuteilen, ist dies eine anspruchsvolle und ernsthafte Auseinandersetzung mit sich und seiner Umwelt. Mit jedem Strich, den es hinzufügt, geschieht etwas und Neues entsteht. Seine Mitteilungen erfolgen im Gegensatz zu den meisten Erwachsenen nicht durch Worte oder Sätze, sondern durch Zeichnungen, die seine inneren Bilder, sein Gesehenes, Erlebtes und Gedachtes widerspiegeln. Zu schnell versuchen wir das Kind in seiner Entwicklung zu beeinflussen, indem wir unüberlegte Fragen stellen oder voreilige Schlüsse ziehen, wie zum Beispiel: „Eine Katze ist doch nicht blau. Blaue Katzen gibt es nicht." Wie gut, wenn ein Kind noch den Mut hat, darauf zu sagen: „Meine Katze ist aber blau", und seine Zeichnung nicht korrigiert.

Auch das folgende Beispiel sollte uns nachdenklich machen: „Eine Grundschullehrerin erzählte mir folgende Geschichte über eine Kollegin, die ihren Erstklässlern eine Aufgabe zum Ausmalen gab. Die Anweisung lautete: ‚Auf diesem Papierbogen findet ihr die Umrisse von einem Haus, Bäumen, Blumen, Wolken und Himmel. Bitte malt jedes in den richtigen Farben aus.'

Eine der Schülerinnen, Patty, gab sich mit ihrer Zeichnung viel Mühe. Als sie sie zurückbekam, war sie sehr überrascht, darauf eine schlechte Zensur zu finden. Sie bat die Lehrerin um eine Erklärung. ,Ich habe dir deshalb die schlechte Note gegeben, weil du dich nicht an die Anweisung gehalten hast; Gras ist grün, nicht grau, und der Himmel sollte blau sein, nicht gelb, wie du ihn gemalt hast. Warum hast du nicht die normalen Farben verwendet, Patty?'

Patty antwortete: ,Weil das so aussieht, wie ich es sehe, wenn ich morgens früh aufstehe, um den Sonnenaufgang zu beobachten.'

Die Lehrerin hatte vorausgesetzt, dass es nur eine richtige Antwort gab."[1]

„Ein eigener kreativer Gedanke eines Kindes ist immer besser als der wohlüberlegteste Lehrer-Vorschlag. Nur das Einbeziehen des persönlichen Erlebnisses lässt das Bild zu einem echten Abbild des Inneren werden."[2]

Die Entwicklung von den allerersten Malversuchen erstreckt sich über viele Jahre; denn auch Zweijährige haben bereits Freude, Spuren mit Stiften zu hinterlassen, und es macht ihnen Spaß, durch Bewegung sichtbare Zeichen entstehen zu lassen. Bereits in dieser Altersstufe gehen die Kinder ganz unterschiedlich vor. Einige bedecken mit großer Ausdauer und Anstrengung das ganze Blatt mit Linien, später auch Formen, andere beschränken sich auf einen Teil des Blattes und lassen den Rest frei. Manche malen wild darauf los oder malen sehr vorsichtig und zart, andere wieder mit sehr viel Druck. Bei dieser Altersstufe ist meistens der gesamte Körper in die Bewegungsabläufe einbezogen.

Wenn das Kind in seiner Malentwicklung nicht gestört oder sie gar zerstört wurde, haben die meisten Kinder Freude, sich zeichnerisch auszudrücken, und erzählen auf Wunsch sehr detailliert ihre Geschichten zu ihren Bildern. Wir dürfen nur nicht vorschnell sie zu interpretieren versuchen. Das bringt sie durcheinander, sie verstehen nicht, was wir meinen. Es setzt sie unter Druck, schlimmstenfalls malen sie nur noch das, was wir gern sehen wollen. Wir müssen lernen, ihre Bildersprache zu verstehen und sie zu würdigen. Sprache besteht aus Buchstaben und Zeichen, aus denen wir, wenn wir sie verstehen, einen Sinn entnehmen können. Die Bildersprache hat ebenfalls ihre Zeichen, die sich ebenso wiederholen lassen wie Worte und eine Sinnentnahme ermöglichen. Die Zeichen, die das Kind wählt, lassen sich im Unterschied zur Lautsprache abwandeln, wenn sie mehr bedeuten sollen als nur die Feststellung, dass ein bestimmtes Ding gemeint ist.

Ein Haus zum Beispiel wird von Kindern sehr oft gezeichnet, häufig über längere Zeit und immer in der gleichen Art und Weise: mit zwei Fenstern, einer Tür und einem Dach, bis auf einmal zu einem nicht vorhersehbaren Zeitpunkt

1 Roger von Oech: „Der kreative Kick", Junfermann-Verlag, Paderborn 1994, S. 107
2 Claire Unna: „Blau ist der Himmel", Iskopress Verlag 1984

weitere Fenster, ein Balkon, ein Schornstein oder herausschauende Menschen hinzugefügt werden. Greifen Erwachsene ein und machen das Kind darauf aufmerksam, dass irgendetwas an ihrem gemalten Haus noch fehlt, lassen sich manche Kinder darauf ein, das für den Erwachsenen Fehlende hinzuzufügen. Beim nächsten Bild aber erscheint ihr Haus meist wieder in ihrer ursprünglichen Abbildung.

Ähnliches habe ich auch in meinen Klassen erlebt. Ich habe mit den Kindern zu jeder Jahreszeit Bäume betrachtet, wir haben uns auf dem Boden liegend im Herbst die Blätter auf den Körper fallen lassen, die Äste und Zweige wahrgenommen, die sich wie Arme im Wind bewegen, wir sind in die Rolle eines Baumes geschlüpft, haben das Lied „Ich bin der Baum vor deinem Haus" gesungen und Bäume gemalt.

Trotz dieser Beobachtungen blieben einige Kinder bei ihren „stereotypen" Baumzeichnungen (Stamm mit einem wolkenähnlichen Gebilde obenauf). Wurden sie darauf aufmerksam gemacht, sich noch mal einen Baum anzusehen, zum Beispiel den, der direkt vor unserem Fenster steht, taten sie das bereitwillig, waren aber der Meinung, dass sie ihren Baum doch so gemalt hätten. Sie malen Dinge ihrer Umgebung so, wie sie von ihnen selber gesehen und wahrgenommen werden. Es gibt natürlich sehr viele unterschiedlich aussehende Bäume, auch solche mit der von den Kindern häufig gezeichneten Baumkrone (Stamm mit Krone aus Blättern).

Einmal habe ich Kindern nach den beschriebenen Beobachtungen von Bäumen – es war Winter – braunes, schwarzes oder graues Buntpapier zur Verfügung gestellt. Sie sollten daraus einen Stamm und viele lange, kurze Äste und Zweige reißen und dann auf einem farbigen Karton aus diesen Teilen einen Baum legen und aufkleben. Es entstanden sehr interessante Baumgestalten. Es gab die bekannten „Besenbäume", Bäume mit einer sehr differenzierten Anordnung der Äste, aber keinen einzigen Baumstamm mit einer wolkenähnlichen Krone. Sie hatten ja nur Papierstreifen. In ihren freien Malbeschäftigungen kehrten die meisten jedoch zu ihren bisherigen Darstellungen zurück.

Aufgrund der enormen unterschiedlichen Entwicklung, die die Kinder in diesem Bereich aufzeigen, habe ich mich immer stärker darum bemüht, den Abbau ihrer Ängste in den Vordergrund zu stellen. Das setzt voraus, dass kein Kind zu einer Tätigkeit gezwungen wird. Mein Augenmerk richtet sich auf die Beobachtung dieser Kinder. Es gilt herauszufinden, welche Dinge ihnen Spaß machen, was sie besonders gut können. Es geht darum, ihr Selbstbewusstsein zu stärken, eine wesentliche Voraussetzung, um sich mit den eigenen Schwächen auseinanderzusetzen, diese zunächst zu akzeptieren, ohne aufzugeben oder sich zu verweigern, sondern den Mut zu entwickeln, an diesen Schwächen zu arbeiten, Dinge zu probieren und zu üben.

Auch in diesem Bereich ist es mir wichtiger, den Entwicklungs- und Lernprozess der Kinder zu beobachten und in den Vordergrund zu stellen als ein sichtbares Produkt.

Viele Anregungen für den Bereich Bildnerisches Gestalten entwickeln sich aus unseren sachkundlichen Themen und Erkundungen und den jahreszeitlichen Festen: Auf unserem Spielplatz befinden sich zahlreiche Kastanienbäume. Jedes Jahr ist es für die Kinder immer wieder ein großes Ereignis, im Herbst die Berge von Kastanien mit Eimern und Plastiktüten einzusammeln. Ich selbst bin immer wieder verwundert, welche Mengen die Kinder in unseren Klassenraum schleppen. Auch die Vielfalt der Farben des Laubs können Kinder faszinieren, und sie sammeln die heruntergefallenen Blätter genauso leidenschaftlich wie die Kastanien. Mit Lupen können die Blätter, die Baumrinde, auch die Kastanien betrachtet werden.

Hier bietet sich als Technik zum Beispiel der Blattdruck an, der bei den Kindern dieser Altersstufe sehr beliebt und einfach zu handhaben ist. Auch die Durchreibe- und Spritzsiebtechnik kann zum Einsatz kommen. Kinder benutzen die Blätter der Bäume auch als Schablonen und zeichnen die Umrisse gern auf ein bereits eingefärbtes Papier, oder sie malen Blätter ab und anschließend aus. Auch Bastelarbeiten aus gesammelten Herbstfrüchten machen die Kinder gern.

Will ich die Kinder mit unterschiedlichen neuen Techniken zu einem bestimmten Material, wie zum Beispiel den Blättern des Baumes, vertraut machen, werden Tische zusammengestellt, die mit den Geräten der jeweiligen Technik ausgestattet werden. Die Kinder ordnen sich den Tischgruppen zu, die sie besonders attraktiv finden.

Falls Kindern eine Technik schon bekannt ist, dürfen *sie* die Vorgehensweise den anderen zeigen, sonst übernehme ich diese Aufgabe. So kann eine Kindergruppe bereits mit dem Gestalten beginnen, während ich zur nächsten Gruppe wechsle usw. Die Kinder dürfen die Gruppentische wechseln, um alle Techniken auszuprobieren, was je nach Bedürfnis der Kinder einen ganzen Vormittag beanspruchen kann.

Die Malecke

In unserer Malecke finden sie die unterschiedlichsten Tuschfarben, Fingerfarben, Buntstifte, Webrahmen, Wolle und anderes Werkmaterial, das sie sich jederzeit selbstständig holen können. Ein Ordner, den ich mit Bastelanleitungen unterschiedlicher Verlage und aus Zeitschriften bestückt habe, steht ebenfalls dort, so dass die Kinder sich Anregungen holen können. Falls das entsprechende Material für eine Bastelarbeit nicht vorhanden ist, sollen zunächst die Kinder nachforschen, ob sie die benötigten Dinge von zu Hause oder von Klassenkameraden bekommen können. Wenn das nicht der Fall ist, kümmere ich mich darum.

Es gibt auch einen Ordner mit kindgerecht formulierten oder anschaulichen Anleitungen zu einfachen Falttechniken. Dieser Ordner, zu dem auch viele unterschiedliche Faltpapiere in diversen Farben gehören, ist bei den feinmotorisch geschickten Kindern sehr beliebt. Sie können sich ganz unterschiedliche Gegenstände selbstständig anfertigen.

So haben die Kinder an jedem Tag die Möglichkeit, sich mit Materialien ihrer Wahl aus dieser Ecke zu beschäftigen. Es gibt vier feste Arbeitsplätze für das Arbeiten mit Wasserfarben, Kneten oder Basteln. Wenn diese besetzt sind, müssen andere Kinder warten, bis ein Platz frei geworden ist. Warten heißt in dem Fall aber auch, dass sie sich mit Tätigkeiten aus den anderen Lernbereichen beschäftigen. Gemalt, gezeichnet und gefaltet werden darf auch an allen anderen Plätzen.

Die besonderen Plätze für die Arbeit mit Wasserfarben und Ähnlichem hat den Vorteil, dass nicht alle Tische verschmiert werden. Hin und wieder fällt ja auch mal ein Wasserglas um, und die Enttäuschung darüber, dass ein Heft oder anderes Material der Kinder beschädigt wird, ist meistens groß.

In der Malecke gibt es auch zwei Staffeleien, die von zwei Seiten zu benutzen sind und an denen eine vertiefte Ablage (sieht aus wie ein Blumenkasten aus Plastik) eingehängt ist. In diesem Kasten befinden sich zahlreiche Plastikbehälter mit einer fertig angerührten, dickeren Malfarbe in vielen Farbtönen, die in gesonderten Farbnäpfen auch vermischt werden können. Diese Becher haben einen Einsatz, in den jeweils ein Pinsel gehört. Die überschüssige Farbe kann an dem Einsatz gut abgestreift werden. Damit die Farbe nicht austrocknet, werden am Ende des Schulvormittags die Pinsel von einem Kind, das jeweils für eine Woche dieses Amt übernimmt, aus den Behältern genommen, in einem Eimer gesammelt und ausgewaschen in einen anderen Eimer zum

Trocknen gestellt. Morgens nach der Klassenversammlung bereitet dieses Kind die Staffeleien zum ständigen Gebrauch wieder vor. Es nimmt die Deckel der Farbbecher ab und versieht jeden mit einem Pinsel.

An diesen Staffeleien arbeiten die Kinder sehr gern. Die fertigen Gemälde werden zum Trocknen an einem alten Wäschetrockner mit Wäscheklammern aufgehängt. Das ist deshalb gut möglich, weil die Farbe zähflüssig ist und schnell trocknet. Die richtige Dosierung der Farbmenge müssen die Kinder erst herausbekommen.

Gute Erfahrungen habe ich gemacht, Kinder zu Musik mit Farb- oder Wachskreiden, Finger- oder Wasserfarben experimentieren zu lassen. Dieses Angebot wird auch von den Kindern gern angenommen, die ansonsten Mal- und Bastelangebote ablehnen. Ich verwende hierfür sehr viel klassische Musik (zum Beispiel Mozart, Beethoven, Vivaldi, Strauss), aber auch andere Musikrichtungen (zum Beispiel Kitaro, Vangelis, Garrison, Jarrée, Deuter).

Ich ermuntere die Kinder, mal mit der rechten, mal mit der linken Hand, aber auch beidhändig zu malen. Dafür können sie Pinsel, Kreiden oder ihre Finger benutzen. Sehr gern nehmen sie auch mehrere Farbstifte in beide Hände. Spontan passen sich ihre Bewegungen meist dem jeweiligen Rhythmus der Musik an, und die Farbwahl erfolgt eher zufällig. Zu einem späteren Zeitpunkt, wenn sie die Musik bereits kennen, sprechen wir über unterschiedliche Stimmungen, die Musik auslösen kann, über laute, leise, hohe, tiefe Töne und über unterschiedliche Tempi. Von da an werden die Farben und Materialien von ihnen gezielter ausgesucht. Bei dieser Tätigkeit haben auch die Kinder mit feinmotorischen Schwierigkeiten Spaß. Hier können Gefühle mit Farben ausgedrückt werden. Die Kinder sind meist mit dem gesamten Körper dabei, reden aber nicht. Sie arbeiten begeistert und konzentriert. Diese Bilder werden von den Kindern untereinander mit Interesse angeschaut. Konkurrenzdruck kann nicht aufkommen, denn kein Bild gleicht dem anderen.

Selbstverständlich ist es wichtig, dass Kinder vielfältige Materialien kennenlernen, um herauszufinden und zu entdecken, was mit diesen Materialien alles gemacht werden kann. So wird ihnen auch das Formen mit Knete, Ton, Pappmaché und Salzteig ermöglicht. Der Umgang mit Hammer, Zange, Nagel und Säge kann an Holzmaterialien erprobt werden. Web- und Stickzubehör, Stricknadeln und Wolle stehen ihnen ebenfalls zur Verfügung, denn auch häkelnde und strickende Kinder habe ich schon in einer ersten Klasse gehabt.

8. Ein Tag in meiner Klasse

Die Grundschule, an der ich arbeite, ist eine partielle Ganztags-Grundschule. Von unseren 600 Schülerinnen und Schülern machen 35 bis 40 Prozent Gebrauch von unseren Ganztagsangeboten. Die Kernzeit liegt von 8.00 bis 16.00 Uhr. Es gibt ein Mittagessen. Eltern, die den Früh- und Spätdienst in Anspruch nehmen, können ihre Kinder in der Zeit von 6.00 bis 8.00 Uhr und von 16.00 bis 17.00 Uhr zusätzlich betreuen lassen.

Phasen des Tagesablaufs

- Eintreffen und Begrüßung der Kinder und Eltern
- Beginn der Klassenversammlung
- Schweigerunde
- Wer fehlt heute?
- Erzählrunde
- Singen
- Gruppenspiele und Spiele, die im Zusammenhang mit einem unserer Lernbereiche stehen (zum Beispiel Lautunterscheidungsübungen oder Mengenbildungen und anderes)
- Vorlesen eines Bilderbuches
- Pause
- Gemeinsames Besprechen der Arbeitsvorhaben
- Arbeitsphase
- Singen, Tanzen oder Bewegungsspiel zur Auflockerung
- Entspannung
- Arbeitsphase
- Aufräumungsarbeiten
- Traumstunde oder Geschichten erzählen beziehungsweise vorlesen

---

Leider haben wir keine Möglichkeit eines flexiblen Schulbeginns, denn die meisten Eltern unserer Schule sind berufstätig und darauf angewiesen, ihre Kinder frühzeitig zur Schule zu bringen. Viele Kinder müssen sogar den Frühdienst in Anspruch nehmen und werden bereits ab 6.00 Uhr morgens von einer Erzieherin betreut.

Ich bin in der Regel um 7.30 Uhr in der Schule. Nachdem ich den Kaffee gekocht und einige Dinge für den Unterricht bereitgestellt habe, setze ich mich an unseren runden Tisch im Flur vor meiner Klasse, genieße den heißen Kaffee und begrüße dabei die ankommenden Kinder. Einige laufen langsamen Schrittes, sehen noch sehr verschlafen aus und winken mir zu, andere rufen schon von Weitem meinen Namen, rennen und schlittern auf dem Hosenboden bis zur Garderobe, lachen mich an und sagen: „Na?" Wieder andere gehen an mir vorbei in den Klassenraum und setzen sich irgendwo hin, einige kommen auf mich zugestürzt und umarmen mich. Zwischendurch halte ich noch einen kleinen Plausch mit einem Elternteil und begrüße die Kolleginnen meiner Nachbarklassen.

Diese halbe Stunde, aus der manchmal auch eine dreiviertel Stunde wird, ist für meine eigene Einstimmung auf den vor mir liegenden Schulvormittag sehr wichtig geworden. Ich nehme jedes Kind bewusst wahr, registriere seine emotionale Befindlichkeit und überdenke meine Vorhaben in der Klassenversammlung noch einmal. Ich kann mich besser auf die ankommenden Kinder einstellen, und das bedeutet, dass ich gelassener reagieren kann und ich weniger Stress habe. Vielleicht entscheide ich mich für ein anderes Gruppenspiel als geplant, lerne mit ihnen anstatt des ausgesuchten Katzenliedes besser ein Schimpflied, lese lieber eine lustige als eine nachdenkliche Geschichte vor oder überlasse den Kindern die Entscheidung.

Ich kenne Kolleginnen aus meiner Schule, die sich im Einverständnis mit den Eltern für einen gleitenden Unterrichtsbeginn ausgesprochen hatten. Diese Kolleginnen unterrichteten ausschließlich in ihrer eigenen Klasse. Die Kinder konnten zwischen 8.00 Uhr und 8.45 Uhr erscheinen. Der Unterrichtsbeginn wurde auf 8.45 Uhr gelegt. Es zeigte sich allerdings das Problem, dass einzelne Kinder auch um 8.45 Uhr noch nicht eingetroffen waren, was einen gemeinsamen Anfang genauso erschwerte wie anfangs, als der Unterrichtsbeginn auf 8.00 Uhr festgelegt war. Es sind tatsächlich immer die gleichen Kinder, die abgehetzt und trotzdem zu spät kommen. Aus diesem Grund bin ich auch bei der gemeinsamen Anfangszeit von 8.00 Uhr geblieben.

Um 8.00 Uhr verlasse ich meinen runden Tisch und gehe in unser Klassenzimmer. Die Tür bleibt offen. So haben es zu spät kommende Kinder leichter, sich zu uns zu gesellen, und müssen nicht vor geschlossener Tür stehen.

In den ersten Schultagen stelle ich die Stühle für unsere Klassenversammlung im Kreis auf. Nach einigen Tagen übernehmen diese Tätigkeit die Kinder. Manchmal stellen die zuerst eintreffenden Kinder die Stühle für alle anderen schon in den Kreis. Einige Kinder legen großen Wert darauf, neben mir zu sitzen, andere halten einen Platz für den Freund oder die Freundin frei, anfangs wurde auch schon mal jemand vom Stuhl geschubst, wenn ein anderes Kind dort sitzen wollte. Die ersten Absprachen und Umgangsweisen in solchen Konfliktsituationen werden besprochen.

Ich habe immer den gleichen Platz. Es ist der Klavierhocker, der vor dem Klavier steht und in den Kreis mit eingereiht ist, so dass ich nur eine halbe Drehung machen muss und sofort spielen kann, wenn der Wunsch nach einem Lied besteht. Von diesem Platz aus kann ich das Klangspiel, das von der Decke herunterhängt, betätigen. Das Erklingen des *Klangspiels* ist das Zeichen dafür, dass wir beginnen, und die Aufforderung für die Kinder, sich zu uns in den Kreis zu setzen. Wenn ein Kind sein angefangenes Bild erst noch zu Ende malen will oder Ähnliches, treffe ich mit diesen Kindern besondere Absprachen und mache ihnen deutlich, dass ich mich freue, wenn sie es schaffen, zu einem späteren Zeitpunkt doch noch an unserer Klassenversammlung teilzunehmen.

In aller Regel ist unsere gemeinsame Versammlung den Kindern jedoch so wichtig, dass es die Ausnahme ist, wenn sich ein Kind mal entzieht.

Schweige- und Erzählstein

In den ersten zwei Wochen sind viele Kinder noch sehr zurückhaltend mit ihren Mitteilungen in der Klassenversammlung. Meist äußern sie sich nur in einem oder zwei kurzen Sätzen, und die übrigen Kinder verhalten sich weitgehend still. Nach wenigen Wochen dauert es immer länger, bis wir unsere Erzählrunde beginnen können. Das ist der Zeitpunkt für die Einführung des „*Schweigesteins*". Ich erzählen den Kindern eine Geschichte, die ich vor langer Zeit mal gelesen habe:

„Ein Indianerstamm traf sich mit seinem Häuptling regelmäßig, um mit ihm über vielerlei Dinge zu sprechen. Sie verabredeten gemeinsame Ausflüge, besprachen, wie man sich auf einer Jagd verhält, wer welcher Arbeit nachgehen musste, und sie hatten sich auch sonst eine Menge zu erzählen, zum Beispiel erzählte der kleine Junge Kanumba, dass er große Angst hatte, weil er in der Nacht einen Tiger in der Nähe seines Zeltes sah, das Mädchen Sanira berichtete, dass sie bald heiraten wollte, und verriet auch, wer der Glückliche war …" usw. Ich fordere die Kinder auf zu überlegen, was dort noch so alles besprochen wurde.

Spätestens jetzt reden mehrere Kinder durcheinander. Ich mache sie darauf aufmerksam, dass ich gar nicht weiß, wem ich zuhören soll und dass bei den Versammlungen des Indianerstammes anfangs auch viele durcheinander redeten und der Häuptling schreien musste, damit Ruhe eintrat. Danach war er jedesmal so heiser, dass er nicht mehr sprechen konnte. Da kam er auf die Idee, einen wunderschönen Stein zu suchen. Er fand im Wald einen besonders schönen Stein, den er „Schweigestein" nannte. Als die nächste Versammlung rund ums Lagerfeuer stattfand und es nach einem Trommelwirbel einen Moment still war, hielt der Häuptling den „Schweigestein" hoch und erklärte, dass er diesen „Schweigestein" jetzt herumgeben würde, und dass jeder, der diesen Stein einmal in seiner Hand hatte, nicht mehr reden darf.

Und in diesem Moment zeige ich den Kindern meinen bildschönen Stein, den ich in einem Steinladen gekauft hatte und den die Kinder nun als „Schweigestein" identifizieren. Ich frage sie, ob wir diese Regel auch einführen wollen. Es wird abgestimmt und meistens einstimmig angenommen. Gibt es meuternde Kinder, so biete ich ihnen an, sich eine andere Regel zu überlegen. Wenn diese den meisten Kindern besser gefällt, können wir sie ausprobieren.

Ich gebe meinem rechten oder linken Nachbarn diesen „Schweigestein" in die Hand. Dieses Kind darf nun nicht mehr reden. Es gibt den „Schweigestein" weiter an seinen Nachbarn, der nun auch nicht mehr reden darf. Das geht so lange, bis der Stein wieder bei mir angelangt ist und alle Kinder schweigen.

Sehr schnell begreifen die Kinder, dass alle, die noch nicht den „Schweigestein" in der Hand hatten, noch reden dürfen. Das wird anfangs genüsslich ausgekostet. Es werden Faxen gemacht, laut gelacht und Unsinn geredet. Das verliert aber nach einigen Wochen den Reiz, und es wird untereinander sehr darauf geachtet, ob nicht doch einer noch etwas gesagt hat, der eigentlich schon schweigen muss. Auch hier wird ausprobiert und getestet, wie erst ich es mit der Einhaltung dieses Rituals nehme. Wird die Regel absichtlich übertreten, muss der „Schweigestein" wieder zu mir zurückgegeben werden, und die Schweigerunde beginnt von vorn, so lange, bis es klappt. Das finden viele Kinder sehr lästig, sie beschweren sich und fordern die störenden Kinder auf, damit aufzuhören.

Auf dieser Schweigerunde wird jedes Kind mit meinen Augen begleitet, und ich sehe die kleinen Morgenmuffel, die mir sagen wollen: „Lass mich bloß noch in Ruhe!" Ich sehe die kleinen Frühaufsteher, die schon beim Eintreffen in der Schule in Hochform sind, und die kleinen Langschläfer, die in Eile angehetzt kamen und erst zu sich finden müssen. Wie hat der Tag für sie zu Hause wohl begonnen? Welche Gedanken sind ihnen auf dem Weg zur Schule durch den Kopf gegangen? Welche Gedanken kamen ihnen während der Zeit des Schweigens?

Nach dieser ersten Erfahrungsrunde mit dem „Schweigestein" erzähle ich die Geschichte des Indianerstammes weiter. Der Häuptling hatte einen weiteren herrlichen Stein gefunden, der von nun an der „Erzählstein" sein sollte und er erläuterte, wie er zu benutzen sei. Ich frage die Kinder, ob sie eine Idee haben, wie der Erzählstein von dem Indianerstamm angewendet wurde. Folgende Antworten kamen von den Kindern:

- Der Häuptling gibt den Stein einem Indianer. Wenn der erzählt hat, gibt er den Stein an den Häuptling wieder zurück. Der Häuptling bestimmt also die Reihenfolge der Erzähler.
- Der Häuptling muss dabei darauf achten, dass er zwischen Männern und Frauen und Jungen und Mädchen abwechselt.
- Der Häuptling muss immer zwischen Kindern und Erwachsenen abwechseln.

Wir sprechen über die unterschiedlichen Vorschläge und es wird ihnen klar, dass immer der Häuptling derjenige ist, der zu bestimmen hat. Ich vergleiche mich mit dem Häuptling und teile ihnen mit, dass es mir besser gefiele, wenn wir gemeinsam eine Idee entwickelten.

Zwei verschiedene Vorschläge werden von den Kindern gemacht. Sie greifen die Vorgehensweise beim „Schweigestein" auf. Wenn ich den „Schweigestein" meinem rechten Nachbarn gegeben habe, soll ich den „Erzählstein" meinem linken Nachbarn reichen. Bei meiner Nachfrage, was aber mit den Kindern sei, die zu einer Erzählung eines Kindes etwas hinzufügen oder nachfragen wollen, kommen sie nach längeren Überlegungen auf folgende Lösung:

Das Kind, das etwas einwenden möchte, meldet sich, und das erzählende Kind bringt ihm den Erzählstein, der ihm danach wieder zurückgegeben wird. Das ursprünglich erzählende Kind kann aber auch von sich aus an die Gruppe die Frage stellen, ob jemand zu seiner Erzählung eine Frage oder etwas dazu zu sagen hat.

Ich halte diese Vorgehensweise für sehr wichtig, damit die Kinder auch miteinander kommunizieren können und es nicht nur bei einer Berichterstattung bleibt. Außerdem entsteht zwischen dem erzählenden und dem kommentierenden Kind eine intensive Kontaktaufnahme. Indem der Stein überbracht wird, ist ein intensiver Blickkontakt zwischen beiden Kindern zu bemerken. Alle Kinder sind neugierig und gespannt, welche Fragen gestellt werden oder welches Erlebnis sich mit seinem verbindet.

Wer nichts erzählen möchte, gibt den Erzählstein an den Nachbarn ab. Es ist beeindruckend, wie diszipliniert und konzentriert die Kinder dabei vorgehen.

Singen und Spielen

Nach dem Erzählstein wird gesungen. Wenn die Kinder schon einige Lieder kennen, singen wir zuerst ein bekanntes Lied. Ein- oder zweimal in der Woche stelle ich ihnen ein neues Lied vor. Im Anschluss an den musikalischen Teil spielen wir ein Gruppenspiel, um Unruhe und Erregung abzubauen. Dies ist im Allgemeinen mit Aktion und Bewegung verbunden und deshalb nach einer längeren Sitzzeit sinnvoller als Spiele zum Stillwerden und Wahrnehmen oder Spiele zum Aufpassen und Nachdenken. Welche Spielarten und in welcher Reihenfolge sie gespielt werden, mache ich immer von der jeweiligen Situation, der emotionalen Stimmung der Kinder und von ihrem Durchhaltevermögen abhängig. An die Lerngymnastik, die das Zusammenarbeiten der rechten und linken Gehirnhälfte und damit das Lernen unterstützt, haben sich die Kinder schnell gewöhnt. Ich habe mir für diese Aktivität selbst Musikkassetten zusammengestellt. Man kann aber auch Kassetten kaufen, die zur musikalischen Unterstützung der Bewegungsmotivation geeignet sind.

In der Regel folgen danach noch kurze Spiele oder Übungen, die die visuelle oder auditive Wahrnehmung fördern, die die Konzentrations- und Merkfähigkeit begünstigen oder für das Erfassen von Mengen hilfreich sind.

Nach dem gemeinsamen Spiel bewege ich unser Klangspiel. Alle Kinder, die es möchten, schließen ihre Augen und öffnen sie erst, wenn sie keinen Ton mehr hören. Nach dieser kurzen Ruhepause halte ich das ausgewählte Bilderbuch hoch. Von einigen Kindern höre ich: „Au ja!" und „Kinositz!" Sie schieben sich ihre Stühle zurecht, setzen sich auf den Boden oder auf einen Tisch, so dass sie alle sehen können, und ich beginne mit dem Vorlesen.

Anschließend trägt jedes Kind seinen Stuhl aus dem Kreis, und wir machen eine Pause. Einige Kinder holen sich ihr Pausenfrühstück und setzen sich an die Frühstückstische im Flur, andere haben es eilig, auf den Spielplatz zu kommen, und nehmen sich ihr Pausenbrot mit, oder sie essen es später.

Es gibt auch Kinder, die im Klassenzimmer bleiben und dort spielen oder mit einer Arbeit beginnen. Ich bitte sie, sich nur mit Dingen zu beschäftigen, die sie alleine bewältigen, weil ich eine Pause brauche. Danach begebe ich mich an den runden Tisch im Flur und frühstücke, manchmal gemeinsam mit einer Kollegin.

In den ersten Tagen des Schulanfangs frühstücke ich mit allen Kindern meiner Klasse gemeinsam. Nach einigen Wochen, wenn die Kinder sich in der neuen Umgebung sicherer fühlen, dürfen die Kinder ihre Frühstückszeit selbst bestimmen. Manche Kinder haben zu Hause bereits ausgiebig, andere gar nicht gefrühstückt, und nicht alle Kinder haben zur selben Zeit Hunger. Die Kinder, die gern in der Gemeinschaft frühstücken, können das in unserer gemeinsamen Pause tun. Die Frühstückstische müssen von den Kindern gereinigt werden, dafür steht in dem Waschraum, der sich auch auf diesem Flur befindet, ein kleiner Eimer mit Wischlappen, den sich die Kinder dort holen können.

Die Pausenzeit beträgt zwischen 20 und 30 Minuten. Danach werden die Kinder draußen von mir oder einem Kind hochgeholt. Alle waschen sich die Hände, und wir treffen uns im Klassenzimmer auf unserer freien Fläche. Wir setzen uns auf den Boden, und ich frage, was die Kinder sich für den heutigen Tag vorgenommen haben, mit welcher Arbeit sie beginnen möchten, ob sie Hilfe brauchen, mit wem sie zusammenarbeiten möchten. Ich stelle fest, wer mit mir zusammen lesen will, wem ich eine neue Aufgabenstellung erklären muss usw.

Die Kinder, die schon genau wissen, mit welcher Arbeit sie beginnen wollen, dürfen den Kreis verlassen. Sie holen sich die benötigten Materialien und können anfangen. Kinder, die sich nicht entscheiden können, werden von mir beraten, oder ich gebe ihnen mehr Zeit zum Überlegen.

Wird es während der Arbeitsphase so laut, dass sich einige Kinder oder ich gestört fühlen, darf das dafür verabredete Klangspiel von den Kindern und mir betätigt werden, und es wird eine Flüsterzeit vereinbart, die auch für mich gilt und nicht zu lang ausgedehnt werden darf. Begonnen habe ich mit einer Minute. Nach einem halben Jahr gelang es den Kindern, 20 Minuten lang still zu arbeiten. Sie spornten sich untereinander an und freuten sich, wenn sie einen Rekord brechen konnten. Manchmal wurden auch kleine Wetten abgeschlossen, und sie entwickelten ein etwas besseres Zeitgefühl. Für die Zeitmessung habe ich einen Küchenwecker benutzt.

Während der freien Arbeitszeit erkläre ich einer Teilgruppe neue Aufgabenstellungen, manchmal auch der gesamten Klasse. Ich höre lesenden Kindern zu, berate, helfe, erkläre und gebe Tipps und beobachte dabei ihre Selbstständigkeit, ihr Arbeits- und Sozialverhalten und ihre Vorgehensweise bei den vielfältigen Aufgabenstellungen. Habe ich den Eindruck, dass die Kinder wieder ein bisschen Bewegung nötig haben, gehe ich zum Klavier und beginne leise ein Lied zu spielen, was von einigen Kindern durch Singen oder Summen begleitet wird. Danach spiele ich eines unserer Bewegungslieder. Viele Kinder lassen daraufhin sofort ihre Arbeiten liegen, kommen nach vorn zu unserer Freifläche und bewegen sich zur Musik. Sie springen herum, lassen sich von mir in Tiere und Hexen verzaubern, machen Kniebeugen und Liegestütze zur Musik. Ab und zu gibt es auch Tanzmusik aus dem Kassettenrecorder.

Nach 10 bis 15 Minuten sind alle erschöpft. Sie spüren den schnelleren Herzschlag, prusten und stöhnen. Wer möchte, darf sich hinlegen und Mineralwasser trinken. Das Mineralwasser wird von den Eltern abwechselnd mitgebracht. Neben unserer Klassentür hängt eine Liste mit den Namen der Eltern. Wer bereits einen Kasten besorgt hat, streicht seinen Namen aus und informiert das nachfolgende Elternpaar. Das hat sich sehr bewährt. Nach und nach stehen die Kinder wieder auf und setzen ihre Arbeit fort.

Gegen 11.50 Uhr wird das Aufräumen durch das Klangspiel eingeleitet. Um 12.00 Uhr holen sich alle Kinder unsere Sitz- beziehungsweise Liegekissen, suchen sich nach Möglichkeit einen ungestörten Platz und machen es sich bequem. Sobald alle liegen, beginnt unsere „Traumstunde". Ich verteile farbige Seidentücher, die sie sich über die Augen legen können, wenn sie möchten. Das hilft *den* Kindern, die ihre Augen nicht schließen mögen, zur Ruhe zu kommen. Ich mache unsere Traummusik an und schicke die Kinder ins Weltall, in den Ozean oder wohin sie sich sonst begeben möchten und lege mich ebenfalls zu ihnen und genieße die Ruhe.

Nach zehn bis 15 Minuten blende ich die Musik langsam wieder aus, lasse die Kinder langsam zu sich kommen. Oftmals ist ein Kind eingeschlafen; dieses Kind darf zunächst nicht geweckt werden. Sollte es nach Unterrichtsschluss immer noch nicht aufgewacht sein, darf es von einem Kind vorsichtig und sanft geweckt werden.

Ich frage die Kinder leise, auf welcher Trauminsel sie gelandet sind oder was sie auf ihrer Reise erlebt haben. Jedes Kind darf sich äußern, wenn es möchte. Zum Schluss wird noch der morgige Tag besprochen, Wünsche können geäußert werden, und ich bemühe mich, jedem Kind zum Abschied eine positive Rückmeldung hinsichtlich seines Sozial- oder (und) Arbeitsverhaltens zu geben. Negatives Verhalten darf in der Schlussrunde nicht mehr angesprochen werden. Kinder, die aufgrund ihrer Verhaltensstörungen den ganzen Tag zu keinem positiven Ergebnis gelangen konnten, werden von mir ermutigt. Ich lasse sie wissen, dass ich ganz sicher bin, dass sie in unserer Klasse bald genauso gut lernen, sich an Regeln und Absprachen zu halten, und Spaß am Lernen haben werden wie die anderen Kinder. Danach übernimmt die Erzieherin meiner Klasse die Kinder und geht mit ihnen zum Mittagessen.

Die Traumstunde gefällt nach einer Weile nicht mehr allen Kindern gleichermaßen. Ich habe mit den Kindern Veränderungsvorschläge gesammelt und ihnen Alternativen angeboten. Wir haben dann die Traumstunde nur noch einmal in der Woche praktiziert. An den anderen Tagen las ich ihnen ein oder zwei Kapitel aus einem Geschichtenbuch vor. Ich hörte immer an einer spannenden oder interessanten Stelle auf und entfachte damit die Neugierde und Vorfreude auf das Weiterlesen am nächsten Tag. Sie nannten diese Geschichten „Fortsetzung-folgt-Geschichten". Manchmal habe ich ihnen auch selbst ausgedachte Geschichten erzählt, die ich mit passender geheimnisvoller, lustiger oder spannender Musik untermalt habe. Diese Geschichten hatten keinen besonderen Anspruch, sie waren bei den Kindern aber heiß begehrt.

Nachdem die Kinder zum Mittagessen gegangen sind, mache ich eine kurze Pause. Anschließend sehe ich mir einzelne Arbeitshefte der Kinder an, kontrolliere Rechenaufgaben, stelle fest, wie weit sie in den einzelnen Lernbereichen vorangekommen sind, und mache Eintragungen in der Lernentwicklungskartei.

Danach beginne ich mit meinen Unterrichtsvorbereitungen. Ich suche Materialien zusammen, treffe eine Vorauswahl der Bilderbücher für den nächsten Tag und schreibe gegebenenfalls für die Kinder individuelle Tagespläne. Neu zu lernende Lieder werden auf dem Klavier noch einmal geübt.

9. Erfahrungen mit Freier Arbeit, Tages- und Wochenplan

Ich kann das nicht!

Ich *kann* das nicht!

Ich kann *das* nicht!

Ich *kann* das *nicht*!

Ich kann das *hier* nicht!

Fünf Sätze, die scheinbar das Gleiche ausdrücken, aber doch nicht dasselbe meinen. Höre ich diesen Satz eines Kindes mit seiner jeweiligen wortverstärkenden Betonung, so wird mir deutlich, dass hier nicht die Leistungsförderung, sondern die Persönlichkeitsförderung an erster Stelle stehen muss. Wenn das Kind Zutrauen in seine Fähigkeiten, eine positive und realistische Selbsteinschätzung erlangt und eine emotionale Stabilität entwickelt hat, wird es eher in der Lage sein, Leistungsanforderungen erfüllen zu können.

Ich habe mich seit vielen Jahren theoretisch und praktisch mit offenen Lernformen beschäftigt und während meiner eigenen langjährigen Berufspraxis festgestellt, dass binnendifferenzierte offene Lernsituationen hervorragend geeignet sind, Persönlichkeits- und Leistungsförderung miteinander zu verbinden. Die Feststellung der Lernausgangslage ist in offenen Lernsituationen für die Kinder stressfreier möglich, da sie sich in ihrer gewohnten Umgebung befinden. Die Unterrichtsinhalte können in dieser Unterrichtsform leichter die unterschiedlichen Lern- und Lebenssituationen berücksichtigen und lassen eine individuelle Förderung eines jeden Kindes zu.

Mit praktischen, räumlichen und organisatorischen Veränderungen habe ich mir Voraussetzungen geschaffen, die es möglich machen, dass jedes Kind so gefördert werden kann, wie es seinen Leistungsvoraussetzungen entspricht. Auch im Falle einer speziellen Einzelförderung bleibe ich mit dem betreffenden Kind im Klassenverband. Andere Mitschüler, die mich bei dieser Arbeit beobachten, lernen über diesen Weg, einige Hilfestellungen selber zu übernehmen, und Kinder mit Lernschwierigkeiten verlieren leichter ihre Hemmungen. Sie lernen, offen damit umzugehen und andere Schüler um Unterstützung zu bitten. Einen isolierten Förderunterricht ziehe ich nur dann in Betracht, wenn mir eine integrative Förderung angesichts einer schwierig zusammengesetzten Klasse nicht gelingt oder es für ein Kind aus unterschiedlichen Gründen zeitweise sinnvoller erscheint, den Klassenverband zu verlassen.

Die Bezeichnungen für offene Unterrichtsformen werden in pädagogischen Fachbüchern nicht immer einheitlich interpretiert, und so ist es sicherlich verständlich, dass die Interpretationen von den Diskutierenden aus der Praxis ebenfalls voneinander abweichen. Wenn ich die Frage beantworten soll, ob meine Schülerinnen und Schüler mit einem Tages- oder Wochenplan, binnendifferenziert, offen oder ganz „frei" arbeiten, antworte ich folgendermaßen: Ich bemühe mich, meinen Schülern einen binnendifferenzierten Unterricht zu ermöglichen, der viel Raum für die Freie Arbeit lässt, freie Spielphasen berücksichtigt und der gemeinsame Aktivitäten unterstützt und fördert.

Weil die Kinder mit sehr unterschiedlichen Lernvoraussetzungen in die Schule kommen, halte ich ein differenziertes Aufgabenangebot, das sich an dem jeweiligen Lernstand der Kinder orientiert, für zwingend notwendig. Ich achte darauf, dass die Aufgaben sich hinsichtlich des Schwierigkeitsgrades und der Zeitdauer unterscheiden und eine Auswahl von Arbeits- und Anschauungsmaterial möglich ist.

Ich bemühe mich, den Unterricht auch bezüglich der Ziele differenziert zu planen, so dass die Kinder abweichende Ziele in unterschiedlichen Zeiträumen erreichen können. In diesem binnendifferenzierten Unterricht versuche ich, allen Kindern die Möglichkeit zu geben, sich in Bezug auf Lernfähigkeit, Motivierbarkeit, Interessen und Neigungen individuell oder gruppenweise Lernstoff anzueignen. Ich kann dafür auf das Kind bezogene Differenzierungsmaßnahmen anwenden:

Ziele und Themen können unterschiedlich ausgestaltet sein. Durch erlebnisreiche und -intensive Lernanlässe kann kognitives, soziales und emotionales Lernen miteinander verknüpft werden (zum Beispiel Umwelterkundungen, Arbeitsplatzbesuche der Eltern, Übernachtung in der Schule). Hier können individuelle Arbeitsaufträge erteilt werden, die zu einem gemeinsamen Ergebnis führen. Für die Bearbeitung und zum Festhalten einzelner Arbeitsaufträge sowie für die Präsentation der Ergebnisse können die Kinder vielfältige Medien auswählen und einsetzen (Rollenspiele, Kassettenrecorder, Fotoapparat, Bücher, Druckerei, Schreibmaschine, Computer, Bildnerisches Gestalten, Lernkarteien, Video usw.).

Die Kinder werden an ihren eigenen Lernfortschritten gemessen, wobei ich die Beobachtung des Lernprozesses für besonders bedeutsam halte. Manchmal war es durch Anwendung unterschiedlicher Methoden oder medialer Differenzierung zum Beispiel bei sachkundlichen, musisch-ästhetischen Projekten oder dem Verfassen von Texten auch möglich, ähnliche, gleichartige oder einheitliche Ziele zu erreichen.

Auch eine positive Veränderung des Sozialverhaltens oder des emotionalen Befindens hat bei einigen Kindern schon eine verbesserte Lerneinstellung hervorgerufen und dadurch oftmals Lernerfolg ausgelöst, so dass es möglich wurde, differenzierte Aufgabenangebote, Arbeits- oder Anschauungsmaterial für sie vorübergehend oder vollständig zu reduzieren.

Freie Arbeit

Während dieser Zeit haben die Kinder die Möglichkeit, die Reihenfolge, den Umfang, das Niveau und die Art ihrer Aufgaben selbst zu bestimmen und sich das Arbeits- und Anschauungsmaterial und die Arbeitstechnik auszusuchen. Die Reihenfolge der Aufgaben legt das Kind fest. Das Kind entscheidet, ob es in dieser Zeit zuerst liest oder rechnet, schreibt oder zeichnet usw. Das Niveau wird im Allgemeinen von den Kindern bestimmt. Stellen sie fest, dass die von ihnen gewählte Niveaustufe zu schwer oder zu leicht ist, dürfen sie sich einen anderen Schwierigkeitsgrad aussuchen oder sich von mir beraten lassen.

Ein Beispiel: Ein Kind möchte gern in unserer dreiteiligen Lesekartei lesen. Es entscheidet sich für den zweiten Kasten mittleren Schwierigkeitsgrades und stellt fest, dass diese Lesekarten ihm noch große Mühe bereiten. Selbstverständlich darf das Kind sich den Kasten mit den leichter zu lesenden Texten nehmen.

Über die Art der Aufgaben können die Kinder ebenfalls entscheiden. Zu jedem Lernbereich gibt es verschiedene Übungsmöglichkeiten zu entsprechenden Teilfertigkeiten.

Die Kinder dürfen zum Beispiel wählen, ob sie Plus-, Minus- oder Ergänzungsaufgaben lösen wollen. Die Kinder suchen sich ihre Arbeitsmaterialien oder Anschauungsmittel selber aus, wobei sich einige Kinder auch gern beraten lassen, wenn sie feststellen, dass ein selbst ausgewähltes Material ihnen nicht weitergeholfen hat.

Das Kind darf aussuchen, ob es Rechenaufgaben mit den Klammerkarten, der Rechenkartei, mit einem Rechenspiel, auf dem Arbeitsbogen oder im Rechenbuch löst. Auch die Entscheidung über die Sozialform trifft das Kind. Es kann allein, mit einem Partner oder in einer kleinen Gruppe arbeiten. Die Sozialform ist oftmals abhängig von dem jeweiligen Arbeitsmaterial.

Die Wahl der Arbeitstechnik ist ebenfalls dem Kind überlassen. Das Kind entscheidet, ob es Texte zum Beispiel mit der Hand, der Schreibmaschine, mit einer Druckerei oder dem Computer zu Papier bringt. Im Lernbereich Bildnerisches Gestalten würde das Kind zum Beispiel selber auswählen, ob es für die Darstellung eines Schneemannes Tuschfarben, Buntstifte, Kreide, Buntpapier oder Fingerfarben benutzt.

Selbstverständlich müssen den Kindern bei allen hier aufgeführten Entscheidungsmöglichkeiten innerhalb der Freien Arbeit wie zum Beispiel bezüglich Arbeitsmaterialien und Arbeitstechniken die Aufgabenarten und Sozialformen *bekannt* sein.

Mit welchen Entscheidungsmöglichkeiten ich bei der Einführung der Freien Arbeit beginne, mache ich von der Klassenzusammensetzung, der Materialausstattung, meiner eigenen Leistbarkeit und Qualifikation abhängig. Die Reihenfolge der beschriebenen Entscheidungsmöglichkeiten im Rahmen der Freien Arbeit war für meine Vorgehensweise nicht entscheidend. Ich denke aber, dass der sachgerechte Umgang mit Arbeitsmaterialien sowie das Erlernen von Arbeitstechniken und Sozialformen für die Einführung der Freien Arbeit und deren Erfolg für mich die wichtigsten Voraussetzungen waren und sind.

Eine gezielte Beobachtung der einzelnen Kinder während ihrer Freien Arbeit ist für mich eine wesentliche Bedingung, um die Kinder auf ihren Lernwegen unterstützend und fördernd begleiten zu können. Durch meine Beobachtung möchte ich erfahren,

- ob und warum ein Kind ein bestimmtes Arbeitsmaterial bevorzugt,
- ob es lieber allein oder mit anderen arbeitet,
- nach welchen Kriterien andere Kinder für eine Zusammenarbeit ausgewählt werden,
- ob es seine Arbeit fröhlich oder still verrichtet,
- worin seine Stärken liegen,
- ob es Bestätigung, Anerkennung braucht, ermutigt werden muss,
- welche verborgenen Fähigkeiten in ihm stecken,
- ob es selbstständig, selbstbestimmt, konzentriert und ausdauernd arbeitet,
- welche Lerntechniken es verwendet,
- wie es sein Ziel erreicht,
- welche Lernbereiche besonders beliebt sind, welche nicht und weshalb,
- ob es sich für eine Arbeit entscheiden kann,
- ob es sofort mit einer Tätigkeit beginnt und bei der getroffenen Entscheidung bleibt,
- ob es eigenen Ideen folgt,
- wie es sich bei Pflichtaufgaben verhält,
- welches sein bevorzugter Wahrnehmungskanal (visuell, auditiv, kinästhetisch) ist.

Die Beobachtungen, die ich gemacht habe, teile ich den entsprechenden Kindern mit und versuche, mit ihnen darüber ins Gespräch zu kommen.

Ich habe die Kinder gebeten, möglichst jeden Tag zu lesen, zu schreiben und zu rechnen. Das klappt nicht immer, weil es Kinder gibt, die sich zeitweilig ausschließlich mit einem Lernbereich sehr intensiv und konzentriert auseinandersetzen möchten. Sie kommen dort kontinuierlich voran und genießen ihren Erfolg, um sich danach mit einem anderen Lernbereich ebenso gründlich und unermüdlich zu befassen. Sobald sie in allen Bereichen Erfolge sehen, beginnen sie oft von sich aus, alle Lernbereiche gleichmäßiger zu bearbeiten. Weil es für diese Arbeitseinteilung diverse Ursachen geben kann, versuche ich mit diesen Kindern ins Gespräch zu kommen, um herauszufinden, was dahinter steckt, sich ausschließlich mit einem Lernbereich zu beschäftigen. Manche Kinder können darüber Auskunft geben, andere nicht.

Sobald ich eine Vermutung über ihr „einseitiges" Arbeitsverhalten habe, teile ich es ihnen mit, um festzustellen, ob ich auf der richtigen Spur bin. Es wäre zum Beispiel möglich, dass ein Kind sich deshalb mit einem Gebiet so beharrlich beschäftigt, weil es dort zu einem schnellen positiven Ergebnis kommt. Es benötigt den Erfolg vermutlich dringend, um sich an weitere Lernbereiche heranzutrauen, die es noch nicht durchschaut.

Ein anderes Kind hat vielleicht bereits gemerkt, dass es Lernbereiche gibt, in denen ihm das Lernen schwerer fällt als in anderen. Oder es hatte bereits Misserfolge zu verzeichnen. Dieses Kind stürzt sich vielleicht nur deshalb auf das Gebiet, indem es sich sicherer fühlt, weil es den anderen ausweichen möchte.

Das Aufspüren ihrer Motive ist die Voraussetzung für die weitere Planung und Beratung der in dieser Form arbeitenden Kinder. Das Gleiche gilt für das Herausfinden ihres bevorzugten Wahrnehmungskanals.

Bilderbücher vorzulesen ist meiner Erfahrung nach gut geeignet, um ihre bevorzugten Wahrnehmungskanäle kennenzulernen. Ich habe beobachtet, dass zum Beispiel visuell dominante Kinder ihr Augenmerk beim Vorlesen von Bilderbüchern vor allem auf die Illustrationen richten. Manchmal sind sie von dem Bild so gefangen genommen, dass sie darüber das Zuhören vergessen. Sie bleiben auch bei ihren Äußerungen häufig in dem visuellen Sinneskanal, zum Beispiel: „Ich will das nochmal sehen!" oder: „Das sieht aber schön aus." Sie achten auf die Farben, sehen viele Details und lassen sich von anderen Kindern nicht ablenken. Sie arbeiten eher ordentlich und sauber und erinnern sich schlecht an mündliche Anweisungen.

Auditiv dominante Kinder achten in solchen Situationen mehr auf die Stimme, ihren Klang und die Betonung als auf das Bild. Sie ahmen meine Stimme nach, untermalen mein Vorlesen an einigen Stellen mit passenden Geräuschen und Äußerungen in der „Comic-Sprache", die sie aus Comic-Heften behalten haben. Sie äußern sich folgendermaßen: „Lies das bitte nochmal. Das hört sich so komisch an" oder „Ich höre immer noch, wie laut der Junge geschrieen hat." Sie amüsieren sich über lustige Textstellen und erinnern sich gut an Gesprochenes. Sie lieben Reime, Rhythmen und Musik, haben immer etwas zu sagen und lassen sich leicht ablenken.

Die kinästhetisch dominanten Kinder richten ihre Aufmerksamkeit auf meine Mimik und Gestik, die sie vielfach nachmachen. Sie gehen mit dem ganzen Körper mit und fallen auch öfter mal vom Stuhl. Diese Kinder spielen gern Teile von Geschichten in Form von Rollenspielen nach. Ihre Äußerungen klingen etwa so: „Mann, war das gruselig, wie der Riese den ... gepackt hat" oder „Ich wäre bestimmt weggerannt."

Es ist in jedem Fall zu bedenken, dass jüngere Kinder grundsätzlich mehr kinästhetische Wahrnehmungskanäle benutzen als ältere. Deshalb ist es zwingend notwendig, Kindern in Anfangsklassen das Lernen verstärkt auch über körperliche Bewegung zu ermöglichen.

Was muss bedacht werden, damit die Freie Arbeit erfolgreich verläuft?

- Das Kennenlernen und die Einführung der Aufgaben erfolgen in gemeinsamen Phasen oder in kleinen Gruppen.

- Je nach Klassensituation stelle ich anfangs nur wenige Entscheidungsmöglichkeiten zur Disposition.

- Für die Einführung der Freien Arbeit finde ich es sinnvoll, zunächst nur Aufgaben zur Wahl zu stellen, die bereits bekannt sind und gekonnt werden.

- Das Arbeitsmaterial für die Freie Arbeit präsentiere ich nach Lernbereichen geordnet auf unterschiedlichen Tischen oder dafür geeigneten Regalflächen.

- Jedes Arbeitsmaterial ist in der Regel nur einmal vorhanden und muss nach Gebrauch an den ursprünglichen Platz zurückgestellt werden. Das verhindert unnötige Unruhe und Sucherei bestimmter Materialien. Die Kinder müssen sich absprechen, vormerken und gegebenenfalls Listen führen, um eine Reihenfolge festzulegen. Häufig einigen sich die Kinder aber untereinander und arbeiten einfach gemeinsam. Manchmal beginnen sie aus diesem Grund aber auch zunächst mit der Arbeit eines anderen Lernbereichs. Da jedes Material nur einmal vorhanden ist, ist der Reiz, die anderen Materialien kennenzulernen und auszuprobieren, übrigens größer.

- Den Lernbereichen, Arbeitsmaterialien und Aufgabenstellungen ordne ich Symbole zu. Je nach zur Verfügung stehendem Platz schreibe ich bestimmte Begriffe auch als Wort auf.

- Gebe ich eine festgelegte Anzahl von Aufgaben vor, muss ich darauf achten, dass sie erfolgreich bewältigt werden können.

- Verwende ich Arbeitsbögen, so müssen sie übersichtlich angeordnet und dürfen nicht überladen sein. Käuflich erworbene Arbeitsblätter, die häufig überfrachtet sind, schneide ich meist auseinander, ordne sie neu an und verteile die Aufgaben auf zwei Blätter oder lasse sie von den Kindern in ein großes DIN-A4-Heft einkleben.

- Auch Kinder können Arbeitsbogen umgestalten. Sie können diese nach ihrer Vorstellung auseinander schneiden und in ein Heft kleben und Klebebilder, Bilder aus Illustrierten oder Kindercomics dazukleben.

- Arbeitstechniken werden erst dann von mir erweitert oder variiert, wenn ich sicher bin, dass sie von den Kindern beherrscht werden, oder ich gebe sie nur für bestimmte Kinder frei. Das Gleiche gilt auch für Veränderungen von Symbolen.

- Für die Bewusstmachung und Begutachtung der geleisteten Arbeit gebe ich den Kindern zwischendurch oder am Ende des Unterrichts genügend Zeit.

Was müssen die Kinder wissen, bevor sie mit der Freien Arbeit beginnen?

Die Kinder müssen genau wissen, was ich unter Freier Arbeit und Freispiel verstehe. Die Freiarbeit, die in meinen Klassen stattfindet, ist nicht identisch mit der Freiarbeit, wie sie aus der Montessori-Pädagogik bekannt ist, weshalb ich sie auch Freie Arbeit nenne.

In der Freien Arbeit bearbeiten die Kinder meiner Klassen selbst ausgewählte Aufgabenstellungen aus den verschiedenen Lernbereichen. Sie entscheiden, mit welchen Arbeits- und Anschauungsmitteln oder Spielen sie ihre Aufgaben bearbeiten. Beim Freispiel dürfen die Kinder alle Materialien, die ihnen persönlich oder der Klasse gehören, also auch Autos, Spielfiguren, Puppen, Verkleidungsgarderobe usw. benutzen. Anfangs richtete ich tägliche Freispielzeiten ein, die aber nicht immer von allen Kindern genutzt wurden. Viele Kinder beschäftigen sich in dieser Zeit auch mit Inhalten der Lernbereiche. Sie lesen, schreiben oder rechnen geradezu unermüdlich. Manche Kinder muss ich in ihrem ungebremsten Eifer zu einer Pause regelrecht überreden.

Weil das Arbeitstempo der Kinder sehr unterschiedlich sein kann, ist es auch möglich, dass die Freie Arbeit und das Freispiel parallel zueinander verlaufen.

Ich halte viel von einem organisierten und strukturierten Tagesablauf, bin aber der Meinung, dass auch hier Flexibilität geboten ist. Wenn zum Beispiel unvorhergesehene Probleme oder Bedürfnisse einzelner Kinder, der gesamten Kindergruppe oder von mir es erforderlich machen, einen Tagesablauf zeitlich oder inhaltlich umzugestalten, muss ich alles versuchen, um das zu realisieren. Dabei lernen die Kinder, sich zu arrangieren, Verständnis zu entwickeln, und erkennen, dass es keine uneingeschränkte Gerechtigkeit geben kann. Ich kenne sehr viele Situationen, in denen ich einzelnen Kindern Dinge erlaube oder Verhaltensweisen vorübergehend zugestehe, die ich jedoch bei anderen zum gleichen Zeitpunkt nicht akzeptiere. Meine Entscheidungen werden den Kindern in jedem Fall begründet. Ich versuche, ihnen transparent zu machen, weshalb ich so verfahre, dass ich nicht willkürlich handle und dass Ausnahmeregelungen für alle Kinder möglich sind.

Ein Beispiel: Ich hatte ein Kind in meiner Klasse, das häufig übermüdet und gestresst zur Schule kam. Es wurde nachts oft mit den jüngeren Geschwisterkindern allein gelassen und musste sich um sie kümmern, wenn sie aufwachten, weinten oder sich stritten. Morgens musste es ihnen beim Anziehen behilflich sein, das Frühstücksbrot schmieren und sie auf einem längeren Schulweg über gefährliche Straßen in den Kindergarten bringen – und das mit sechs Jahren. Diesem Kind habe ich hin und wieder erlaubt, sich während oder nach der Klassenversammlung in unsere Leseecke zu legen, um sich auszuruhen beziehungsweise zu schlafen. Wenn es ihm sehr schlecht ging, akzeptierte ich, dass es weniger als an anderen Tagen oder gar nicht arbeitete.

Ausnahmen oder Hilfestellungen können nicht für alle Kinder gleichermaßen gelten. Sofern die Kinder mir vertrauen und erfahren haben, dass sie von mir gemocht werden und sich auf mich verlassen können, reagieren sie in entsprechenden Situationen sehr souverän.

Bemerkungen wie: „Ist ja gemein! *Der* braucht nicht mitzuturnen! Wenn der nicht mitturnt, turne ich auch nicht mit" oder „Wenn *die* spielen dürfen, will ich auch spielen, sonst ist es ungerecht" lassen nach.

Solche Bemerkungen weisen nicht unbedingt auf eine Unlust zum Arbeiten hin. Häufig geht es ihnen lediglich um das Prinzip der „gerechten Behandlung".

Was haben die Kinder in der Freien Arbeit gemacht?

Jedes Kind erhält von mir ein DIN-A5-Heft für die Freie Arbeit. Dort wird mit dem entsprechenden Tagesdatum festgehalten, was das Kind in der Freiarbeit getan hat. Am Anfang mache ich das gemeinsam mit jedem Kind. Nach kurzer Zeit wollen die meisten Kinder diese Arbeit selbst übernehmen. Sie können das, was sie gearbeitet haben, in dieses Heft malen, entsprechende Symbole einkleben oder auch hineinschreiben. Kopierte und sortierte Symbole befinden sich in Schachteln, die mit dem entsprechenden Symbol versehen sind. Die Kinder sollten möglichst gleich nach Beendigung einer Arbeit die Eintragung vornehmen, was aber nicht bei allen gleichermaßen klappt. Wer seine Eintragungen selbstständig vorgenommen hat, legt sein Heft an einen ausgemachten Platz. Sobald ich Zeit finde, lasse ich mir von den Kindern ihre Einträge vorlesen oder erklären. Unter ihre Aufgaben kommt ein Stempel mit der Aufschrift „Fertig". Für einzelne Kinder muss ich die Eintragungen noch eine ganze Weile selbst vornehmen. Die Führung dieses Heftes soll den Kindern bewusst machen, womit sie sich in der Freien Arbeit beschäftigt haben.

Individueller Tagesplan

Für einen Tagesplan entscheide ich mich immer dann, wenn ich feststelle, dass Kinder mit der Freien Arbeit überfordert sind. Bisher zeigte sich das Problem der Überforderung meist bei drei bis vier Kindern einer Klasse. Es handelte sich überwiegend um Kinder mit ausgewiesenen Wahrnehmungsproblemen und extremen Verhaltensstörungen. Diese Kinder erhalten von mir einen Tagesplan, wie er in diesem Kapitel beschrieben wird.

In einer meiner bisherigen Klassen musste ich aufgrund der äußerst schwierigen Zusammensetzung nach den ersten zwei Monaten von der Freien Arbeit weitgehend Abstand nehmen und individuelle Tagespläne anfertigen. Ein großer Teil der Kinder zeigte starke Verhaltensprobleme. Sie waren nicht in der Lage, Entscheidungen zu treffen. Ihr Sozialverhalten war, vorsichtig ausgedrückt, erheblich verbesserungsbedürftig. Ihre Konzentrationsfähigkeit und Ausdauer reichten nicht aus, um ein selbst ausgewähltes Gesellschaftsspiel wenigstens über fünf Minuten, geschweige denn zu Ende zu spielen.

War ein Kind zweimal an der Reihe, hatte es keine Lust mehr und war nicht mehr zum Weiterspielen zu bewegen. Meistens wurde zum Abschied noch schnell mit dem Fuß über das Spielfeld gefegt, so dass das Spiel für alle als beendet galt. Danach folgten Wut- und Tränenausbrüche. An Arbeit war im Anschluss daran nicht mehr zu denken. Die Frustrationstoleranz vieler Kinder war gleich null. Für die Bearbeitung der Verhaltensprobleme musste ich viel Zeit einräumen. Bis zu den Herbstferien beobachtete ich die Kinder intensiv und machte mir Notizen. Ich musste über eine veränderte Unterrichtssituation nachdenken.

Nach den Herbstferien besprach ich das Problem mit den Kindern und machte ihnen den Vorschlag, mit einem Tagesplan zu arbeiten, weil ich festgestellt hätte, dass ihnen die freie Arbeitsweise noch zu schwer fällt und wir oftmals gar nicht herausbekommen, welche Arbeit ihnen Spaß macht und mit welchen Dingen sie sich eigentlich am Vormittag beschäftigt haben.

Ich war erleichtert, dass sie sofort damit einverstanden waren. Weil sich in dieser Klasse aber drei Kinder befanden, die mit der Freien Arbeit sehr gut zurecht kamen und motiviert und gut lernten, bot ich diesen Kindern an, bei dieser Arbeitsform bleiben zu dürfen. Für die anderen Kinder sollte nach einer einwöchigen Arbeitsvorbereitung aufgrund ihrer extrem unterschiedlichen Lernausgangslage ein individueller Tagesplan zum Einsatz kommen, der auch die Neigungen der Kinder berücksichtigen sollte.

Für die Gestaltung der Tagespläne verwendete ich für die einzelnen Lernbereiche und Arbeitsmaterialien überwiegend Symbole. Ich kopierte diese aus Kopiervorlagen der Buch- und Lehrmittelverlage oder entwarf sie selber. Für die Arbeitsmaterialien, die zum Beispiel zum Lernbereich Lesen gehörten, habe ich Symbole für Leseturm, Setzleiste, Lesekartei und Bücher vorbereitet. Die gleiche Herangehensweise galt auch für die anderen Lernbereiche. Neben den entsprechenden Arbeitsmaterialien konnten die Kinder in vorgegebenen Kästchen durch ein gezeichnetes Kreuz oder durch Ausmalen die Erledigung einer Aufgabenart kenntlich machen. Neben den Pflichtaufgaben gab es Zusatzaufgaben, die freiwillig bearbeitet werden konnten, und eine Rubrik für „Sonstiges". Hier befand sich das Bild eines Sandkastens, das Symbol für den Besuch unseres Spielplatzes. Ein aufgemaltes Puzzleteil war das Zeichen für Gesellschaftsspiele usw. Wenn auf dem Tagesplan für eine Beschäftigung kein Symbol vorhanden war, so sollten die Kinder es selbst aufmalen oder -schreiben.

Ich habe den mit Symbolen versehenen Plan für die gesamte Woche kopiert, diese in einem Ordner gesammelt und ein Register mit den Kindernamen eingehängt. Für jedes Kind besorgte ich eine Einlegemappe und einen Schnellhefter in der gleichen Farbe (Klassenkasse). In die Einlegemappen legte ich die jeweiligen Pläne und diese in die Fächer der Kinder. Der Deckel der Mappe sollte am nächsten Tag von den Kindern mit Namen versehen werden.

Für die Erstplanung und Gestaltung der neu zu erprobenden Tagespläne habe ich sehr viel Zeit benötigt. Zukünftig wollte ich die Planungsarbeiten freitags nach dem Unterricht erledigen. Da ich die Symbole mehrfach kopiert habe, brauchte ich für Veränderungen diese nur zu kopieren und auf meine Kopiervorlage zu kleben, so dass der Zeitaufwand geringer wurde. Weil ich schon seit längerer Zeit dazu übergegangen bin, für die Kinder eigene Arbeitsbücher für viele Bereiche herzustellen, und auf lose Arbeitsblätter möglichst verzichten wollte, entfielen das sehr aufwendige Heraussuchen und Zusammenstellen passender Arbeitsblätter für jedes Kind.

In jedem von mir erstellten Buch habe ich auf die Innenseite des Deckels ein Zahlenverzeichnis geklebt. Dort streichen die Kinder die Seitennummer ihrer bearbeiteten Seite durch oder malen das Kästchen aus und tragen auf dem Tagesplan die Seitennummer des entsprechenden Buches in dem jeweiligen Lernbereich ein.

Der Tagesplan bestand aus einem Pflichtaufgabenanteil, der sich am Lernstand des einzelnen Kindes orientierte. In welcher Reihenfolge und mit welchem Arbeitsmaterial es diese Pflichtaufgaben bearbeiten wollte, durfte es selbst entscheiden. Wer diese Entscheidung noch nicht allein treffen konnte, wurde von mir beraten. Manchmal musste ich einigen auch vorschreiben, welche Aufgaben sie zu bearbeiten hatten. Wohl habe ich mich dabei nicht gefühlt.

Als ich den Kindern an einem Freitag in der Klassenversammlung verkündete, dass ihre Pläne fertig seien und diese am nächsten Montag in ihren Fächern liegen würden, waren sie sehr aufgeregt. Einige von ihnen haben mich bei meinen Vorbereitungsarbeiten hin und wieder im Klassenzimmer besucht, sind mir zum Kopierer gefolgt und haben einige Planungsschritte verfolgen können.

An dem besagten Montag schauten die Kinder sofort nach ihrem Eintreffen neugierig in ihre Fächer und entdeckten ihre neue Mappe mit dem Tagesplan. In der Klassenversammlung saßen sie mit der Mappe auf dem Schoß, und ich fragte, wer seinen Plan schon lesen könne. Viele Symbole waren eindeutig und den Kindern bekannt. Ich erklärte noch die „technische Handhabung" und verteilte ihnen ihre ebenfalls neuen Schnellhefter, in dem die bearbeiteten Tagespläne abgeheftet werden sollten. Tagespläne, die nicht vollständig bearbeitet wurden, blieben in der Einlegemappe. Bevor die Kinder einen neuen Tagesplan erhielten, musste der vorhergehende fertiggestellt sein. Stellte ich fest, dass ein Tagesplan zu umfangreich war, wurden in Absprache mit dem Kind Aufgaben gestrichen.

An diesem Tag dauerte die Versammlung nur kurze Zeit. Alle wollten sofort mit der Arbeit beginnen. Die drei Kinder, die sich weiterhin für die Freie Arbeit entschieden hatten, schauten inzwischen sehr interessiert und ein wenig neidisch auf die neuen Pläne ihrer Mitschüler. Eines dieser drei Kinder wünschte sich für die nächste Woche ebenfalls einen Tagesplan. Sein Wunsch wurde erfüllt. Nach zwei Wochen stieg es jedoch wieder auf die Freie Arbeit um.

Alle Kinder waren relativ schnell in der Lage, mit diesen Tagesplänen verantwortungsbewusst umzugehen, und hielten sich an unsere Absprachen. Sie waren jedesmal sehr stolz, wenn sie alle Aufgaben bearbeitet hatten. Hatten sie Probleme mit der Aufgabenmenge oder -art, konnten sie jederzeit zu mir kommen und neue Vereinbarungen mit mir absprechen.

Diejenigen, die ihre Pflichtaufgaben bearbeitet hatten, teilten es mir mit, und ich ging mit ihnen ihre Aufgaben gemeinsam durch, schaute nach, ob sie ihre Bearbeitung auf dem Tagesplan vermerkt hatten, und entließ sie je nach Belastbarkeit und Befindlichkeit in die Freie Arbeit oder in das Freispiel. Bei zeitlichen Engpässen sah ich ihre Arbeiten zunächst flüchtig und zu einem günstigeren Zeitpunkt gründlich durch.

Die Auswahl der Pflichtaufgaben orientierte sich am jeweiligen Lernstand. Der Aufgabenumfang richtete sich nach der Belastbarkeit der Kinder.

Anfangs passierte es mir öfter, dass ich den Umfang der Aufgaben für einzelne Kinder falsch bemessen hatte, so dass es nur wenige Kinder schafften, sich der allmählich immer begehrter werdenden Freiarbeit oder Freispielphase zu widmen.

Nach einigen Wochen war ich mit der Arbeitshaltung und den -ergebnissen sehr zufrieden. Jeden Tag nach dem Unterricht kontrollierte ich die Schnellhefter der Kinder mit den bearbeiteten Tagesplänen und ihre Arbeitshefte und -bücher. Im Allgemeinen konnte ich zufrieden sein, aber ich vermisste allmählich die Neugierhaltung und das Interesse am Lerngegenstand. Im Gegensatz zu den Kindern, die Freie Arbeit praktizierten, identifizierten sich die Kinder mit Tagesplänen nicht mit ihren Tätigkeiten. Es ging den Kindern zunehmend mehr um das Abarbeiten eines vorgegebenen Planes. Die frei arbeitenden Kinder arbeiteten sehr selbstständig, ausdauernd und konzentriert. Ihre Arbeitsfreude war beeindruckend, und sie bauten Konkurrenzverhalten ab. Es war ihnen nicht mehr wichtig, auf welcher Seite eines Arbeitsheftes andere waren oder wie viel ein anderes Kind bereits getan hatte. Sie freuten sich über ihr eigenes Weiterkommen und die damit verbundenen Erfolge, und vielfach verloren sie ihre Angst, Fehler zu machen.

Die mit dem Tagesplan arbeitenden Kinder waren überwiegend daran interessiert, schnell ihren Plan zu schaffen, und bauten Konkurrenzverhalten auf. Das war unter anderem ein Grund, den Kindern, die ihre Tagespläne in der Regel bewältigen, anzubieten, zur Freien Arbeit zurückzukehren, wenn sie es wollten. Falls sie oder ich feststellen würden, dass es ihnen doch noch nicht gelingt, wollte ich ihnen wieder einen Tagesplan geben.

Ich hoffte, dass ich möglichst bald viele Kinder in die Freie Arbeit entlassen konnte. Und mir wünschte ich eine Arbeitserleichterung bezüglich der Anfertigung der Tagespläne und eine Reduzierung der damit verbundenen Papierflut.

Einige Kinder wagten den Versuch, waren stolz, zu den frei arbeitenden Kindern zu gehören, und arbeiteten erfolgreich. Andere kehrten nach einer Versuchsphase von sich aus zum Tagesplan zurück.

Drei Kinder, die schon sehr gut mit ihren Tagesplänen zurechtkamen, wollten sich ihren eigenen Tagesplan schreiben. Wir vereinbarten, dass wir uns nach dem Mittagessen in unserem Klassenzimmer treffen würden. Während ich die Pläne für die anderen Kinder erstellte, könnten sie ihre eigenen anfertigen. Ich gab ihnen drei unausgefüllte Planübersichten und riet ihnen, sich von mir abzugucken, was zu tun ist, und gegebenenfalls nachzufragen. Sie beobachteten mich, sahen, wie ich mich an den letzten Plänen der Kinder orientierte, in die Arbeitshefte und -bücher der Kinder schaute, Aufgaben durchsah und neue Arbeitsaufträge aufschrieb. Nach einer Weile grübelten sie, überlegten und besprachen sich untereinander, was und wie sie jetzt vorgehen könnten. Ich erinnerte sie lediglich daran, dass sie aus allen Lernbereichen Aufgaben berücksichtigen sollten.

Nach einer Denkphase legten sie los. Es waren tatsächlich drei unterschiedliche Tagespläne entstanden, die im Ergebnis erkennen ließen, dass diese Kinder auf dem Weg waren, ihr Lernen teilweise selbst zu bestimmen. Sie schrieben oder malten ihre ausgewählten Aufgaben auf. Ein Kind benötigte ein weiteres Blatt, weil seine Schrift sehr groß ausgefallen war. Ich ließ sie ihren fertigen Plan, an dem sie etwa eine Stunde gesessen hatten, vorlesen beziehungsweise erklären und war gespannt, wie lange sie die täglichen Planungen durchhalten würden.

Am nächsten Morgen stand die Mutter eines dieser Kinder vor mir und fragte, ob es stimme, dass sich ihr Kind seinen eigenen Arbeitsplan geschrieben habe. Sie war aufgeregt, verunsichert, aber auch stolz. Ich beruhigte sie und versicherte, dass ich es ihrem Kind inzwischen zutrauen würde. Ich zeigte ihr den selbst gefertigten Tagesplan ihres Kindes. Sie war beeindruckt von seiner Auswahl der Aufgaben, aber nicht von seiner überdimensionalen Schriftgröße. Dann sagte sie: „Aber Sie behalten das doch im Auge?!" Ich bestätigte dies.

In der ersten Woche waren die Kinder kontinuierlich bei meiner Planung dabei. Die Kinder waren über ihre eigenen Pläne sehr stolz und ernsthaft bemüht, die sich selbst auferlegten Aufgaben einzuhalten. Danach fanden sie es zunehmend mühselig, und so wechselte ich mich mit einzelnen Kindern in der Anfertigung ihrer Pläne ab. Nach etwa drei Wochen entschieden sich diese Kinder ebenfalls für die Freie Arbeit. Das Arbeits- und Sozialverhalten hatte sich am Ende der ersten Klasse bei allen Kindern erheblich verbessert.

Wochenplan

Von einem Wochenplan im Anfangsunterricht halte ich nichts. Ich habe es einmal gegen Ende der ersten Klasse ausprobiert und erlebt, dass die Kinder große Probleme mit der Bearbeitung eines Wochenplanes hatten. Selbst in der zweiten Klasse gelang es vielen Kindern nicht, ihren Wochenplan zufriedenstellend zu bearbeiten. Das ist sicher auch nicht verwunderlich, denn in dieser Altersstufe besitzen die meisten Kinder noch keine klare zeitliche Vorstellung. Sie können den Zeitraum einer Woche noch nicht überblicken, geschweige denn die zu erfüllenden Aufgaben auf fünf Tage verteilen. Sie fragen beispielsweise am Dienstag, wie lange sie bis Freitag schlafen müssen, und nennen dabei utopische Zahlen. Zumindest in der ersten Klasse wird übermorgen und gestern noch verwechselt. Um einen vergangenen längeren Zeitraum zu beschreiben, fallen Wortschöpfungen wie „überüberübergestern" oder sie meinen damit einen Zeitraum, der noch vor ihnen liegt. Selbst Präpositionen wie „vor", „hinter", „zwischen", „neben" usw. sind noch nicht geläufig. Der Zeitbegriff „morgen" ist dagegen schon recht sicher, wenn bereits Erfahrungen damit verbunden werden können.

Ich halte einen Wochenplan im Anfangsunterricht für eine Überforderung dieser jungen Kinder, die im „Heute" leben, nämlich „hier" und „jetzt" und nicht in wöchentlichen Zeiträumen. Diese Sichtweise wurde mir von Kolleginnen aus meinen Fortbildungsseminaren bestätigt.

10. Wie behalte ich den Überblick über die Lernergebnisse?

Über viele wichtige organisatorische Voraussetzungen, die es mir erleichtern, den Überblick über die Lernergebnisse der Kinder zu behalten, habe ich schon in den anderen Kapiteln berichtet. Deshalb werde ich mich hier auf eine Zusammenfassung beschränken.

☞ Ich erinnere an den Datumsstempel, den die Kinder und ich benutzen, um rekonstruieren zu können, wann eine Aufgabe bearbeitet wurde.

☞ Ich erinnere an die farbigen Schnellhefter, die den einzelnen Lernbereichen zugeordnet werden, und durch die ich mir einen Überblick verschaffen kann, was die Kinder bearbeitet haben.

☞ Ich erinnere an die selbst hergestellten Arbeitsbücher, deren innerer Buchdeckel ein Zahlengitter hat, in dem sie die bearbeiteten Seiten der Seitenzahl entsprechend ankreuzen oder die Zahlenkästchen ausmalen können. Für alle Arbeitsbücher habe ich Lösungsbücher angefertigt, mit denen die Kinder Korrekturen selbstständig vornehmen können. Weil Fehlerkorrekturen mit farbigen Stiften erfolgen, kann ich feststellen, um welche Fehlerart es sich handelt.

☞ Ich erinnere daran, dass zu jeder Lernkartei eine Karteikarte gehört, auf der die Namen der Kinder und die Kartennummern stehen, so dass die bearbeiteten Karten angekreuzt werden können.

☞ Ich erinnere daran, dass jedes Kind, das mit der Lesekartei liest, die gelesenen Lesekarten ankreuzt und mit dem passenden Datum versieht. Hat ein Kind diese Karten mir oder einem anderen Erwachsenen vorgelesen, erhalten sie den Stempel eines Lesekönigs.

☞ Ich erinnere daran, dass die Kinder, die bereits Bücher lesen, die Titel in einen weiteren Leseausweis eintragen oder von mir eintragen lassen.

☞ Ich erinnere daran, dass die meisten meiner Arbeitsmaterialien, die den Kindern zur Freien Arbeit zur Verfügung stehen, eine Selbstkontrolle ermöglichen (beim Leseturm erscheint nach dem gelesenen Wort das dazugehörige Bild, bei Rechenkarten stehen Lösungsmöglichkeiten auf der Rückseite usw.).

Wie dokumentiere ich Lernentwicklungen?

Eine kontinuierlich erfolgende anschließende Dokumentation über die Lernentwicklungen aller Kinder halte ich für unerlässlich. Besonders bei verhaltensauffälligen Kindern zeigte sich für mich, dass eine regelmäßige Beobachtung der Verhaltens- und Lernentwicklungsdokumentation eine ausgezeichnete Hilfe von unschätzbarem Wert für meine weiteren Planungs- und Förderungsaufgaben war. Ich habe lange Zeit gebraucht, um für meine Dokumentationen ein einfaches, überschaubares und praktikables System zu finden, das nicht zu zeitaufwendig ist.

Nach vielen Versuchen mit unterschiedlichen technischen Vorgehensweisen (Ringbuch mit Namensregister, Heft für jedes Kind, Notizzettel und andere) probierte ich vor einigen Jahren das Karteikastenprinzip aus, bei dem ich bis heute geblieben bin. Für jedes Kind meiner Klasse lege ich Karteikarten unterschiedlicher Farbe für die Lernbereiche an und stecke diese in einen Karteikasten DIN A5 mit einem Namenregister, zum Beispiel eine weiße Karte für das „Sozialverhalten", eine blaue Karte für „Mathematik", eine rote Karte für „Schreiben", eine grüne Karte für „Sachunterricht" und eine gelbe Karte „Lesen".

Da ich diese Dokumentation ausschließlich für mich anfertige, habe ich mich bei dieser Tätigkeit von meinem perfektionistischen Anspruch getrennt; denn ich bin mir sehr sicher, dass ich die Kontinuität der Dokumentationen sonst nicht gewährleisten kann. Meine Dokumentationen bestehen deshalb überwiegend nur aus Stichwörtern, und meine Schrift kann häufig nur von mir erlesen oder erinnert werden.

Um diese Dokumentation für interessierte Leserinnen und Leser zu veranschaulichen, habe ich einige Karteikarten eines Kindes von der Originalkarte abgetippt.

Ich habe mich sehr bemüht, Eintragungen sofort oder im Anschluss an den Unterricht vorzunehmen. Bis auf wenige Ausnahmen habe ich die mir selbst auferlegte Disziplin erfolgreich durchgehalten. Es war mir zeitlich allerdings nicht möglich, die Lernentwicklung für alle Kinder täglich in dieser Weise durchzuführen. Das ist meiner Meinung nach auch nicht unbedingt nötig. Für Kinder, die problemlos lernten und ein hervorragendes Sozialverhalten aufwiesen, hatte ich nur selten Eintragungen vorgenommen. So gab es Kinder, auf deren Karteikarten nur wenige oder gar keine Vermerke standen. Für andere Kinder benötigte ich in einem oder mehreren Lernbereichen viele Fortsetzungskarten, die ich durchnummerierte.

Diese Lernentwicklungskartei benutze ich auch als Grundlage für Elterngespräche und -beratungen, und sie erweist sich als sehr wertvoll und hilfreich beim Verfassen der Zeugnisse in Form von Lernentwicklungsberichten. Die aufbewahrten Arbeitsergebnisse der Kinder einzubeziehen stellt sich als außerordentlich nützlich heraus.

Sämtliche Arbeitshefte und Bücher werden bis zum Ende des Schuljahres in einem Fächerregal, in dem jedes Kind ein Ablagefach besitzt, aufbewahrt. Dadurch können sich auch die Eltern jederzeit informieren, mit welchen Lernbereichen sich ihr Kind beschäftigt, welche Inhalte es bereits bearbeitet hat, und sie haben die Gelegenheit, ihre Fragen direkt an mich zu richten.

Danijel	Arbeits- und Sozialverhalten
5.9.–12.9.89	arbeitet extrem lange, Ausdauer und Konzentration erheblich gestiegen, bleibt im Stuhlkreis bis zu Ende. Zuhören beim Vorlesen fällt ihm noch schwer, hält aber mit Lob und Zuwendung durch, sagt, wenn er gar nicht mehr kann! Keine Konflikte zwischen ihm, mir und den Kindern Super
13.9.–14.9.89	Super
18.9.–21.9.89	Super
3.10.89	gleichbleibend
4.10.89	gleichbleibend
5.10.–10.10.89	gleichbleibend
11.10.89	kurze „alte" Unterbrechung im Stuhlkreis, Maxie ist vom Stuhl gefallen, sieht lustig aus, viele lachen, Maxie ganz kurz auch, hatte sich aber doch sehr weh getan, alle werden ganz still, als Maxie weinte, ging darauf in die Bücherecke, kurz danach ging Danijel aus dem Kreis raus und sagte „ich gehe auch". Ich hielt ihn zurück. Kinder: Ach fängt er damit wieder an! Er war sauer, setzte sich nach Aufforderung nicht mehr, ich schickte ihn raus. Er: Dann arbeite ich eben nicht! Ich: Brauchst du auch nicht, ließ ihn aber nicht auf den Spielplatz. Nach zehn Minuten kam er mit Rechenbuch, setzte sich neben mich und murmelte: Ich will aber arbeiten. Ich reagierte darauf nicht, erklärte die Aufgaben, alles war vorbei. Hinterher, Danijel: Ich wollte doch nur zu Maxie und sie streicheln. Ich bat ihn, so etwas gleich zu sagen, dann hätten wir keinen Ärger gehabt, ich hätte das toll gefunden.
12.10.89	Ähnlich beim Vorlesen, setzte sich nicht zu uns, saß auf einem Stuhl außerhalb des Kreises, beim Abschiedslied klinkte er an Tür, wurde von Kind gefragt, ob er mitsingen will, wollte nicht. Bei späteren Gesprächen begründete er, dass seine Knie weh tun, wenn er auf der Erde liegt, ich bot ihm fürs nächste Mal ein Kuschelkissen an. ok, alles wieder in Ordnung, wunderbar gearbeitet

| 16.10.–26.10.89 | Danijel wollte in den Ferien arbeiten, habe ihm seine |
| 6.11.89 | Lieblingsaufgabe „Rechnen" gegeben. |

Nach den Ferien hat er mir seine Arbeiten nicht gezeigt, sagte, er wollte arbeiten, aber er musste auch, Aufgaben waren nicht leicht. Muss mich darum kümmern!!
ok

| 7.11.–14.11.89 | fürchterlich!! Bei jeder Unsicherheit im Arbeitsbereich |
| 15.11.89 | aggressiv, haut ab, lässt alles liegen, will sein Blatt zerrei- |

ßen. Sobald er etwas nicht sofort schafft (zum Beispiel Rechenaufgaben, Laute heraushören beim Schreiben und Ähnliches), ist gleichzeitig sehr unglücklich. Es bringt aber nichts, auf ihn einzugehen und ihn zu beruhigen. Ich war heute durch Kopfschmerzen zusätzlich völlig gestresst und kaputt, habe mich leider auf Machtkampf eingelassen, war unmöglich. Danijel erklärte, er würde überhaupt nichts mehr machen. Nach einer Weile (ich beachtete ihn nicht mehr) fing er doch an und holte sich meine Hilfe, als ob nichts gewesen wäre.
Muss morgen mit ihm noch mal reden!!! Ich war dafür heute zu kaputt.

| Nach den Ferien | Super!! Keine Extrawürste mehr, macht alles mit. |

Danijel	**Lesen**
11.9.89	hatte noch Mühe „Ll" im An- und Endlaut zu bestimmen und „Loni" zu lesen, konnte vor den Ferien einige Buchstaben sicher benennen und zusammenziehen, war in den Ferien in Jugoslawien, kaum deutsch gesprochen, gibt aber nicht auf und bleibt im Kreis sitzen. Erfolgserlebnisse wieder aufbauen.
14.9.89	Arbeitsbogen „Nn" im An-, Mittel- und Endlaut bestimmen, mit Unterstützung geschafft. Wiederholung „Ll" o. k.
18.9.89	In der Lautwahrnehmung und Bestimmung der Lage etwas sicherer (muss mit ihm alleine geübt werden), will versuchen mit ihm nach dem Mittagessen 15 bis 20 Minuten diesbezüglich zu arbeiten und mit ihm lesen, er möchte es unbedingt können, reagiert gereizt, wenn er es nicht kann, greift dann lieber zu seinem Rechenbuch.

26.9.89	Tonbandaufnahme mit zwei grünen Lesekarten, müht sich ab, bekommt es aber langsam heraus. Kann die Buchstaben benennen, benutzt dabei die Tabelle nicht regelmäßig, vergisst Buchstaben recht schnell (b, d, t, r, au, ei), sieht sehr stark auf meinen Mund, strengt ihn sehr an, gibt aber nicht auf, kann gleiches Wortbild „Michaela" nicht sofort wiedererkennen, muss darauf aufmerksam gemacht werden, Wort immer wieder von vorne zu lesen: „M-i-Mi/ch-a-cha/cha-e-che/usw. Habe das Gefühl, bei täglicher Übung geht es besser, will versuchen es mit ihm durchzuhalten. Er will es, braucht unbedingt Erfolg (eventuell Wortkarten wiederbenutzen)
bis 3.10.89	nicht gelesen
9.10.89	3 Lesekarten, ging wieder besser, sehr konzentriert, freute sich über seinen Erfolg
10.10.89	war stolz darauf, ohne Buchstabentabelle gelesen zu haben, Merkfähigkeit wieder gestiegen
6.11.89	jeden Tag wenigstens eine Lesekarte gelesen, greift nun auch zu schwierigeren Karten, da das Foto ihn sehr interessiert, schafft es mit viel Ausdauer, benutzt Tabelle nicht mehr so oft, hat irgendwie einen Aufschwung in Bezug auf Lesemotivation zurückbekommen
7.11.89	eine Lesekarte, will ganz viel lesen, aber nach einer Karte kann er nicht mehr, strengt ihn von der Konzentration an
8.11.–15.11.89	liest zunehmend sicherer, will lesen, klappt prima! Erfolgserlebnis!! liest jeden Tag mit mir ohne Probleme, aber er will mehr, als er durchhält, überschätzt sich im Durchhaltevermögen
16.11.–20.12.	liest inzwischen richtig gern, Tonbandaufnahme gemacht
8.1.–15.1.89	klappt immer besser, muss nur noch ganz selten auf Anlauttabelle sehen
ab März 89	Hat alle Buchstabenlaute mit den entsprechenden Bildern der Buchstabentabelle gespeichert und kann sie abrufen. Danijel liest schon recht zügig, seine Assoziationsfähigkeit hilft ihm so manches Mal über seine oftmals schwache Merkfähigkeit hinweg. So liest er einige Wörter in zusammenhängenden Texten des Öfteren folgendermaßen: „Schokolade" Schiff – Sch; Sch – o; Scho; Scho – Krokodil – k; Schok; Schoko; Schoko – l; Schokol – Affe – a; Schokola; Schokolade

11. Wie sag ich's den Eltern?

Ich denke, die meisten Eltern – unabhängig von ihrer sozialen Schicht und Bildung – haben den Wunsch, dass ihren Kindern in der Schule die Chance gegeben wird, gut zu lernen. Das sagt noch nichts darüber aus, auf welchem Weg das Lernen ihrer Meinung nach erfolgen soll. Sie kennen in der Regel nur ihren eigenen Lernweg und haben keine Vergleiche. Deshalb ist es meine Aufgabe, sie über meine Methode zu informieren und ihnen die Vorteile, die ich für ihre Kinder darin sehe, aufzuzeigen, damit sie mir Vertrauen entgegenbringen können.

Mein Ziel ist es, die Eltern meiner Schülerinnen und Schüler verstärkt in meine Arbeit einzubeziehen und einzubinden, um mit ihnen gemeinsam das Bestmögliche für ihre Kinder zu erreichen. Das bedeutet aber nicht, dass sie mir zuarbeiten oder zu Hause die Hilfslehrerinnenrolle übernehmen sollen, für die sie nicht bezahlt werden und auch nicht ausgebildet sind. Ich halte ohnehin nichts von Hausaufgaben, ausgenommen sie sind freiwillig. Dann dürften sie allerdings nicht mit Zensuren bewertet werden, und man müsste sich von dem Begriff „Hausaufgabe" trennen.

Es geht mir um eine gute und möglichst gleichberechtigte Zusammenarbeit. Ich bin der Ansicht, dass sie dann entstehen kann, wenn Lehrerinnen und Eltern ihr Wissen zusammentragen. Eltern verfügen über eine langjährige Erfahrung mit ihren Kindern, die ich noch nicht kenne. Ich dagegen besitze langjährige Unterrichtserfahrungen mit vielen Kindern der gleichen Altersstufe, die Eltern meist nicht haben. Es sei denn, sie sind von Beruf selber Lehrer oder Lehrerinnen. Da jeder dem anderen etwas voraus hat, braucht sich auch niemand in seiner Kompetenz angegriffen zu fühlen.

Manche Eltern scheuen sich, über private Probleme wie Trennung von einem Partner, finanzielle Schwierigkeiten, ihr erzieherisches Verhalten Arbeitslosigkeit, Krankheit oder Behinderung ihrer Kinder mit Lehrern und Lehrerinnen zu sprechen. Es wäre für den Lehrer sicherlich sehr hilfreich, über besondere Vorkommnisse Bescheid zu wissen, um das Verhalten der Kinder besser verstehen zu können. Aber ich finde es durchaus verständlich, dass Eltern erst prüfen müssen, ob sie mir ein rückhaltloses Vertrauen entgegenbringen können. Immerhin sind die Machtverhältnisse ungleich. Der Lehrer entscheidet mit Zensuren, Lernentwicklungsberichten und Empfehlungen über die schulische Laufbahn und dadurch auch über die spätere Berufsausbildung ihrer Kinder, und schlechte Zensuren werden von einigen Lehrern auch heute noch als Disziplinierungsmittel eingesetzt. Das führt dazu, dass die Eltern Druck empfinden und diesen an ihre Kinder weitergeben. Oftmals ist ihre Liebe und

Zuneigung abhängig von der Leistung, die das Kind erbringt. So erfährt das Kind doppelten Druck, den schulischen und den familiären, und eine falsche Einstellung zum Lernen. Die Leistungsfähigkeit des Kindes kann dadurch stark beeinträchtigt, im schlimmsten Fall sogar zerstört werden.

Ich wünschte, unsere Kinder bekämen in der Grundschule, besser noch bis einschließlich der achten Klasse, keine Zensuren (so wie es zum Beispiel in Dänemark, Norwegen und England gehandhabt wird). Denn dann hätten unsere Schüler und Schülerinnen vielleicht die Chance, ihr Lernen selbst in die Hand zu nehmen, und Lehrer und Lehrerinnen würden sie auf dem Weg, das Lernen zu lernen, begleiten und beraten können. Vielleicht würden Schüler und Schülerinnen auf diesem Weg ihre verloren gegangene Kreativität, die sie vor Schuleintritt in den meisten Fällen wohl besaßen, wiedererlangen, sowie Team- und Kooperationsfähigkeit, Kommunikationsfreude und Forschergeist entwickeln. Vermutlich würden sie es sich dann in der Oberschule auch leisten können, die Wahlfächer nach ihrem Interesse auszusuchen, selbst wenn sie in diesen noch nicht allzu viel wissen. Zur Zeit bleibt ihnen gar nichts anderes übrig, als bei der Auswahl der Fächer und Lehrer darauf zu achten, dass sie mit geringstem Aufwand die höchstmögliche Punktzahl erreichen.

Außerdem würden schlechte Zensuren als Disziplinierungsmittel in der Schule und im Elternhaus wegfallen, was zu einer stressfreieren Atmosphäre in beiden Bereichen beitragen würde.

Der erste Elternabend

Ich sehe einen großen Vorteil darin, den ersten Elternabend einer Anfangsklasse noch *vor* den Sommerferien, also *vor* der Einschulung in dem noch von Kindern bewohnten und geschmückten Klassenraum stattfinden zu lassen.

Die Eltern bekommen so schon einen kleinen Vorgeschmack von der gemütlichen Atmosphäre des zukünftigen Klassenraumes ihrer Kinder. Wir sitzen grundsätzlich im Kreis, damit sich alle sehen können.

Damit wir uns untereinander gleich mit dem Namen anreden können, bereite ich Namenskärtchen vor (Karteikarten DIN A6 eignen sich von der Größe gut. So ist der Name, den ich mit einem dicken Filzer schreibe, auch von Weitem noch gut lesbar). Diese Karten versehe ich mit einer Wäscheklammer, die an der Kleidung gut befestigt werden kann, und hebe sie auf, um sie beim nächsten Elternabend wieder benutzen zu können.

Angebotene Getränke und Gebäck auf Elternabenden tragen nach meinen Erfahrungen sehr zur Entkrampfung bei. Unsicherheiten können etwas verdeckt werden, wenn man die Möglichkeit hat, sich an einer Kaffeetasse „festzuhalten".

Nach einer allgemeinen Vorstellungsrunde erkläre ich den Eltern die Funktionen eines solchen, für sie meist ungewöhnlich aussehenden Klassenraumes und mache ihnen an konkreten Beispielen deutlich, weshalb ich es sinnvoll finde, Kinder in einem solchen Raum leben und lernen zu lassen.

Ich halte den Eltern einen kurzen Vortrag mit Daten zur veränderten Kindheit der heutigen Kindergeneration im Vergleich zu unserer Kindheit, der bei vielen Eltern Erstaunen und Nachdenken hervorruft. Ich bitte sie, an ihre eigene Schulzeit zu denken und zu überlegen, welche positiven und negativen Erinnerungen sie daran noch haben, und lasse sie darüber berichten.

Das ist oft sehr spannend. Die meisten Eltern freuen sich nach diesem Austausch, dass ihre Kinder eine schönere Grundschulzeit erleben können. Eine Zeit, in der ihnen das Lernen hoffentlich mehr Spaß macht, mit weniger Druck und Konkurrenz, zugunsten eines mitmenschlichen Umgangs.

Ich stelle auf diesem Elternabend unterschiedliche Arbeitsergebnisse (Zeichnungen, selbst gemachte Bücher zu unterschiedlichen Themen usw.) und die dazugehörigen Ordnungshilfen (Schnellhefter, Ordner und Ähnliches) aus meinen letzten Klassen vor, um meine neuen Eltern mit meiner Arbeitsweise bekannt zu machen und um sie ahnen zu lassen, was ich auch mit ihren Kindern herstellen möchte. Das ist der Zeitpunkt, an dem ich an den Gesichtern aller Eltern Begeisterung ablesen kann, und für mich der beste Einstieg, meine finanziellen Wünsche zu äußern.

Ich bitte die Eltern darum, den Kindern keine der üblichen Schulmaterialien (Federtaschen, Bunt- und Filzstifte, Filzer, Bleistifte, Radiergummis, Anspitzer, Tuschkästen, Pinsel, Klebstoff, Schnellhefter usw.) zu besorgen, weil ich all diese Dinge nach bestimmten Kriterien (zum Beispiel: Eignung, Haltbarkeit) für alle Kinder gemeinsam einkaufen möchte. Ich mache mit ihnen eine „grobe" finanzielle Auflistung dieser Gegenstände und frage, ob sie damit einverstanden wären, mir die ausgerechnete Geldsumme gegen eine Quittung zur Verfügung zu stellen, wie ich es auch bei meiner letzten Klasse handhaben durfte. Selbstverständlich lasse ich darüber abstimmen und vermerke das Abstimmungsergebnis in meinem Protokoll.

Für Eltern mit geringen finanziellen Einkünften fertige ich eine entsprechende Bescheinigung an, die beim Sozialamt vorgelegt werden kann, damit die Kosten von dort übernommen werden können. Bisher waren meine Eltern immer bereit, auf diesen Vorschlag einzugehen. Meist fühlten sie sich sogar erleichtert, weil sie sich mit dem Einkauf und der eigenständigen Auswahl von geeigneten und bewährten schulischen Arbeitsmaterialien überfordert fühlten. Und ich habe bei Sammelbestellungen die Möglichkeit, bei Großhandelsfirmen oft zu sehr günstigen Konditionen einkaufen zu können. Für den eingesammelten Betrag habe ich bisher Materialien eingekauft, die bis auf wenige Ausnahmen (Bleistifte und Radiergummis) zwei Schuljahre lang zu benutzen waren.

So sind es zum Beispiel bei 24 Kindern nicht 24 Packungen dicke und dünne Holzbuntstifte (Filzer zum Malen lehne ich inzwischen ab, da sie nur kurzlebig und meist umweltunfreundlich sind), sondern es reichen

- 12 Packungen dicke und 12 Packungen dünne Holzbuntstifte,
- 12 Packungen Wachsmalkreiden,
- allerdings 100 Bleistifte (da sie sich sehr schnell verbrauchen),
- 5 Packungen mit speziellen Filzschreibern zum Schreiben,
- unterschiedliche Radiergummis im Großpack,
- diverse unterschiedliche Klebstoffe,
- Tuschpinsel in verschiedenen Größen,
- selbst zusammengestellte Tuschpaletten mit Temperablöcken, Fingerfarben, Knete und Ähnliches,
- 24 unterschiedliche Scheren (spitz, abgerundet, groß, klein, für Linkshänder, für Papier und Pappe),
- 1 Spitzmaschine für Bleistifte (bei Spitzmaschinen brechen die Spitzen nicht/nur sehr selten ab),
- 1 Spitzmaschine für dicke und dünne Buntstifte,
- 4 Schnellhefter (je Kind) in festgelegten Farben für die Bereiche Lesen, Schreiben, Rechnen und Sachkunde,
- 1 Liederordner und 1 Zeichnungsaufbewahrungsmappe DIN A3,
- 1 Sortiment Papiertaschentücher je Kind (werden ausgepackt in einem großen Kasten untergebracht und stehen damit allen Kindern zur Verfügung),
- 2 Rollen Haushaltspapier je Kind (die sogenannten Küchenrollen), damit auf kleinere und größere „Malheure" schnell reagiert werden kann (ausgekipptes Tuschwasser, umgestoßene Getränke oder Joghurtbecher und vieles mehr).

Diese Liste ist nur ein Anhaltspunkt. Sie ist selbstverständlich veränderbar.

Meinem Wunsch, den Kindern zur Einschulung ein Bilderbuch für unsere Leseecke und ein Spiel (zum Beispiel Puzzle, Gesellschaftsspiel) für die Schule zu schenken, wurde ebenfalls zugestimmt. Bücher und Spiele müssen nicht neu sein, aber unbeschädigt und vollständig, und das Kind, das es mitbringt, sollte es mögen und die Spielregel dafür kennen. Auch andere Spielmaterialien sind erwünscht (zum Beispiel ausrangierte Legosteine, Playmobil oder Ähnliches, Figuren, Puppenstuben usw.). Auf diesem Weg haben wir zum Schulanfang dann je nach Frequenz etwa 24 Bilderbücher und 24 Spiele.

Eltern, die Bücher und Spiele neu kaufen wollen, bekommen von mir eine Liste mit Empfehlungen, in die sie sich eintragen können. (Für den ersten Schultag ihrer Kinder sind die meisten Eltern bereit, etwas tiefer in die Tasche zu greifen – außerdem gibt es in der Regel auch noch die Omas, Opas, Tanten und Onkel.) Dadurch erreiche ich, dass wir über ein vielfältiges Angebot verfügen, wobei ich darauf achte, dass auch preiswerte Dinge darunter zu finden sind. Es hat sich als positiv erwiesen, wenn alle Kinder ihre mitgebrachten Spiele bereits sicher spielen können. Dieser Vorteil zeigt sich besonders in den ersten Wochen des Schulbeginns, wenn Einführungsphasen in unterrichtliche Bereiche nur mit einzelnen Kindern oder einer kleinen Gruppe durchgeführt werden. Die restlichen Schülerinnen und Schüler können sich mit einem Spiel beschäftigen und sind nicht auf mich angewiesen.

Elterngespräche und weitere Elternabende

Eine gute zwischenmenschliche Beziehung zwischen Personen ist meiner Meinung nach die Basis für eine fruchtbringende Kommunikation. Ich erreiche sie gewöhnlich dadurch,

■ dass ich die Kinder und ihre Eltern anerkenne und dadurch ihren Wert und ihr Selbstwertgefühl erhöhe, damit sie ihr Bestes geben können,
■ dass ich mich bemühe, die Probleme der Kinder und ihrer Eltern aus ihrer Sicht zu sehen,
■ dass ich darauf achte, eine aufmerksame Zuhörerin zu sein,
■ dass ich bei meiner Wortwahl auf verständliche und nicht verletzende Wörter achte,
■ dass ich Kinder und Eltern nicht gegen ihren Willen von etwas zu überzeugen versuche, weil dies selten zum Erfolg führt. Sie kehren später in der Regel zu ihrem alten Standpunkt wieder zurück.

Ich habe immer wieder feststellen können, dass Eltern, wenn ich mir für sie Zeit nehme und ihnen offen gegenübertrete, auch sehr viel Verständnis für meine schulischen Probleme zeigen, meinen Einsatz für ihre Kinder anerkennen und eine Bereitschaft entwickeln, sich auch an übergeordneter Stelle für die Belange ihrer Kinder und für die Realisierung und Beibehaltung offener Unterrichtsformen einzusetzen.

Elterngespräche oder Elternversammlungen, egal welchen Inhalts, beginne ich prinzipiell mit positiven Aussagen über ihre Kinder oder erzähle eine witzige Begebenheit aus unserem Schulalltag, die uns zum Lachen bringt. Lachen ist ein gutes Mittel, um emotionalen Druck abzubauen. Diese positive Einstimmung halte ich für eine wesentliche Voraussetzung, um eine Beziehung gegenseitigen Vertrauens und Verhaltens aufzubauen. Auf dieser Basis können vor allem Konflikte sachlicher besprochen werden.

In der Regel finden in einem Schuljahr fünf Elternabende statt. Die Anzahl richtet sich nach dem Informationsbedarf der Eltern und meinem Bedürfnis der Informationsvermittlung Sie beginnen nach der Begrüßung immer mit einer Elternaustauschrunde. Das bedeutet, dass jeder Elternteil darüber berichtet, wie es dem eigenen Kind zur Zeit geht, ob und wie es sich zu den Kindern seiner Klasse, der Lehrerin und Erzieherin äußert, was ihm Spaß macht oder missfällt. Fragen können von allen Eltern und mir gestellt und beantwortet werden.

Ich berichte über die Gruppensituation, über das Arbeits- und Sozialverhalten der Kinder am Vormittag, die Erzieherin schildert ihre Eindrücke vom Nachmittag.

Für unerlässlich halte ich die Vorstellung der einzelnen Lernbereiche. Ich demonstriere den Eltern anhand der dazugehörigen Arbeitsmaterialien, mit welcher Methode die Kinder Lesen, Schreiben und Rechnen lernen, welche Sachthemen wir auf welche Art und Weise behandeln und bearbeiten wollen. Auf jedem Elternabend wird ein Lernbereich anhand von praktischen Beispielen dargestellt.

Ich begründe ihnen, dass es ohne Fehler zu machen keine Entwicklungsmöglichkeiten gäbe, warum die Leistung eines jeden Kindes an seinem eigenen Lernfortschritt bemessen werden muss und warum ich Zensuren für schädlich halte.

Manchmal habe ich mit der Ansicht einiger Eltern zu kämpfen, dass die Kinder rechtzeitig auf den „Ernst des Lebens" vorbereitet werden müssen. (Und das schon in der ersten Klasse?) Sie meinen zunächst damit einen irgendwann anstehenden Lehrerwechsel. Zu einem späteren Zeitpunkt wird der Wechsel auf die weiterführenden Schulen damit verbunden. Oftmals höre ich auch das Argument, dass die Kinder auf unsere konkurrenzbesessene Gesellschaft vorbereitet werden müssten, auch wenn man es nicht für wünschenswert hält. Ich versuche, den Eltern auf diese Sorge mit einem Beispiel zu antworten, das ich mir vor längerer Zeit aus einem Buch herausgeschrieben habe. Leider weiß ich nicht mehr, aus welchem Buch dieses treffende Zitat stammt:

„Wenn ich ein junges Bäumchen aufziehen will und ich weiß, dass es später mit recht kargem Boden wird vorliebnehmen müssen, dann setze ich es auch nicht sofort in den Sand, damit es sich daran gewöhnt. Wahrscheinlich pflanze ich es für einige Jahre in einen guten Boden, damit es kräftig und widerstandsfähig wird. Und erst dann setze ich es harten Bedingungen aus."

Auch Kinder sind der harten Konkurrenz unter Erwachsenen besser gewachsen, wenn sie in einem konkurrenzarmen Milieu ihr Selbstbewusstsein und ihr Leistungsvermögen so gut wie möglich entwickeln konnten.

Dieses Beispiel können Eltern sehr gut nachvollziehen und meistens beginnt ein Umdenkungsprozess, der dazu führt, dass diese Eltern sich für eine Fortsetzung des binnendifferenzierten Unterrichts bei den nachfolgenden Lehrern einsetzen.

Nach jedem Elternabend finden die Kinder ihr Klassenzimmer in dem Zustand vor, wie ihre Eltern und ich es verlassen haben. Die Stühle stehen im Kreis. Die restlichen Kekse, die die Eltern für ihre Kinder übrig gelassen hatten, stehen auf einem Tisch in der Mitte des Kreises.

Ich lasse die Kinder sich genau auf die Stühle setzen, auf denen ihre Eltern am Elternabend gesessen hatten. Kinder, von denen kein Elternteil anwesend sein konnte, suchen sich von den leeren Stühlen einen aus. Wenn alle Kinder sitzen, „spiele" ich mit ihnen den Elternabend nach. Die Kinder schlüpfen in die Rolle ihrer Eltern und werden von mir nun auch entsprechend angeredet. Ich begrüße sie also mit Frau Müller oder Herr Schulze, worauf die Kinder mit großer Begeisterung reagieren. Ich teile den einzelnen Kindern mit, welche Fragen ihre Eltern an mich gestellt haben und welche Antwort ich ihnen darauf gegeben hatte.

Sie sind gespannt und neugierig zu erfahren, was auf unseren Elternabenden besprochen wurde. Manchmal sehe ich in dieser Runde auch in nachdenkliche, ernste oder ängstlich aussehende Gesichter. Diese Kinder vermuten oder glauben hin und wieder, dass ich über Vorfälle berichtet haben könnte, in denen ihr Verhalten Anlass zu Klagen gegeben hatte. Meistenteils informiere ich die Kinder aber *vor* dem stattfindenden Elternabend darüber, ob ich über gravierende Vorkommnisse berichten muss. Ich lasse sie dabei jedoch auch wissen, dass ich über jedes Kind Positives zu berichten weiß.

„Kaffeeklatsch"

Alle sechs Wochen etwa treffen sich Eltern, Kinder, ihre Erzieherin und ich an einem Nachmittag zum „Kaffeeklatsch" im Freizeitraum unserer Schule. Die Eltern bringen Saft, Obst, Salate und verschiedene Leckereien mit. Die Kinder hatten bereits am vorherigen Nachmittag mit ihrer Erzieherin Kuchen und Kekse gebacken. Geschwisterkinder werden ebenfalls eingeladen. In dieser Atmosphäre ist es leicht, mit einzelnen Eltern ins Gespräch zu kommen.

Sie haben auch die Möglichkeit, sich von ihren Kindern oder mir zeigen zu lassen, womit sich die Klasse zur Zeit gerade beschäftigt. Für die Kinder ist dieser Tag immer etwas ganz Besonderes. Es ist ihnen sehr wichtig, ihren Eltern zu zeigen, wie und mit welchen Materialien sie in den verschiedenen Lernbereichen arbeiten. Und so sitzen Eltern und Kinder auf dem Fußboden vor dem Regal, in dem die Arbeitshefte, Bücher und Schnellhefter aufbewahrt werden, stöbern darin und führen miteinander interessante Gespräche. Sehr großen Anklang findet auch unsere Lesekartei bei den Eltern. Stolz zeigen die Kinder ihren Leseausweis.

Häufig arbeiten besonders eifrige Kinder nach dem Kuchenessen in unserem Klassenzimmer weiter, was die Eltern stark beeindruckt. Zum Kaffeeklatsch gehört auch, dass wir den Eltern unsere gelernten Lieder vorsingen oder ein Gedicht aufsagen. Im Weihnachtsmonat Dezember las *ich* für Eltern und Kinder Bilderbücher und Geschichten vor.

Nach eineinhalb bis zwei Stunden ist der „Kaffeeklatsch" beendet.

Eltern im Unterricht

Weil ich weiß, dass sich in einer Elternschaft auch Eltern befinden, deren Auffassung von Unterricht und Erziehung nicht mit meiner Einstellung übereinstimmt, bitte ich alle Eltern, mir einen Vertrauensvorschuss von circa drei Monaten zu gewähren. Eine Zeit also, in der sie mich mit ihren Kindern möglichst in Ruhe lassen, damit die Kinder und ich uns aneinander gewöhnen können und diese Kennenlernphase nicht durch Nörgeleien gestört wird. Auch ich halte mich in dieser Zeit sehr zurück, zumindest was die Aussagen über problematische Verhaltensweisen ihrer Kinder und deren Leistungen betrifft. Sollten sich bei Eltern dennoch Ängste, Sorgen oder starke Skepsis einstellen, bin ich natürlich immer zu einem gemeinsamen Gespräch bereit.

Nach diesen drei Monaten der „Ruhe" dürfen alle Eltern, denen es möglich ist, einen gesamten Vormittag in der Klasse hospitieren und mitmachen. Ich bestehe auf einem gesamten Vormittag übrigens nicht nur bei den Eltern, sondern auch bei allen anderen Personen, die sich für meinen Unterricht interessieren. Ich will damit erreichen, dass bei den Hospitanten keine falsche Vorstellung eines binnendifferenziert geführten offenen Unterrichts entsteht. Es wäre ja durchaus möglich, dass sich einige Kinder in bestimmten Phasen nicht im Klassenraum, sondern auf unserem Spielplatz der Schule befinden. Bei Besuchern könnte so der Eindruck einer Regellosigkeit und einer mangelnden Arbeitsbereitschaft entstehen.

Hospitationsbesuche, die sich nicht über den gesamten Schulvormittag vollstrecken, lehne ich inzwischen strikt ab. Ausnahmen lasse ich nur bei Personen gelten, die bereits selbst über Erfahrungen in dieser Unterrichtsform verfügen oder sich theoretisch intensiv damit auseinandergesetzt haben.

Da die Eltern der Kinder meiner Ganztagsklassen in der Regel berufstätig sind, nehmen sich einzelne mal einen Tag frei für einen Klassenbesuch. Die Besuchstage können deshalb grundsätzlich kurzfristig mit mir verabredet werden. Besuchseltern machen alles mit und dürfen sich selbstverständlich auch um ihr eigenes Kind kümmern.

Manche Kinder freuen sich tagelang auf diesen Tag. Sie sind stolz darauf, dass sich ihre Eltern für ihren schulischen Bereich interessieren, und geben sich bei der Erfüllung ihrer Aufgaben enorme Mühe. Ihre Motivation wird gestärkt und hält danach mehrere Tage an. So viel Zuwendung erhalten viele Kinder von ihren Eltern zu Hause häufig während einer ganzen Woche nicht!

Bis auf wenige Ausnahmen erreichen es eigentlich alle Kinder, dass ein Elternteil wenigstens einmal im Schuljahr hospitiert. Häufig sind es sogar mehrere Tage.

Nach einem solchen Hospitationstag stelle ich immer wieder fest, dass die Eltern beeindruckt sind von dem Umgang der Kinder miteinander, ihrer Selbstständigkeit, ihrer Arbeitsmotivation und nach mehreren Hospitationen auch über die vielfältigen Fortschritte einzelner Kinder staunen. Sie zeigen und entwickeln Verständnis für meine unterrichtliche und erzieherische Arbeit, verstehen auf diese Weise besser, wovon ich ihnen auf Elternabenden erzähle, und ich erreiche dadurch meist auch eine größere Offenheit, Ehrlichkeit und mehr Bereitschaft, mich in meinen Bemühungen um einen kindgemäßeren Unterricht zu unterstützen.

Mir ist es sehr wichtig, dass sie die Klassenversammlung, die Freie Arbeit und die gleitenden Übergänge der einzelnen Unterrichtsphasen sowie die individuellen Pausen der Kinder miterleben. Nur so können sie sich wirklich einen Überblick über den Lernstand der Kinder verschaffen.

In schwierig zusammengesetzten Klassen erleben sie auch viele kleine und große Konflikte. Hier zeigen sie sich häufig sehr beeindruckt, auf welche Weise die Konflikte gelöst wurden. So manches Mal wird die angenehme Atmosphäre in meiner Klasse gelobt, oder ich erhalte anerkennende Worte über meinen Umgang mit schwierigen Kindern. Aber auch die bemerkenswerte Frage „Wie halten Sie das nur jeden Tag aus?" ist keine Seltenheit. Die positiven Eindrücke werden auch anderen Eltern zugetragen. Ängste, Unsicherheiten und Vorbehalte hinsichtlich meiner Unterrichtsmethode können auf diese Weise schnell abgebaut werden. Die Hospitationsbesuche der Eltern tragen in erheblichem Maße zu einer vertrauensvollen und partnerschaftlichen Zusammenarbeit bei.

Bei einer intensiven Elternarbeit sind am Ende des ersten Schuljahres nicht nur die Kinder, sondern auch die Eltern zu einer Gruppe zusammengewachsen.

12. Wie kann man andere Kollegen für offene Unterrichtsformen gewinnen?

Stellen Sie sich einmal vor, wie einem zumute wird, wenn man einem neuen Kollegium folgendermaßen vorgestellt wird: „Das ist also unsere neue Kollegin. Sie ist sehr engagiert und aktiv. Sie wird so manchen aus dem Dornröschenschlaf wecken. Aber wer nicht geweckt werden will, muss sich ja nicht wecken lassen." Diese Art der Vorstellung war sicherlich nicht böse gemeint. Aber sie hatte dazu geführt, dass ich bei einigen ein schlechtes Gewissen auslöste, bei Einzelnen der Eindruck entstand, dass man mit ihrer Arbeit unzufrieden war, dass ich „die Preise verderben" könnte usw. Ich wäre jedenfalls beim Start an meiner neuen Schule am liebsten im Erdboden versunken und ich wusste selber nicht einmal, wie ich diese Bemerkungen deuten sollte. Ich spürte jedoch die Vorbehalte, mit denen man mir in den ersten drei Jahren begegnete, falls man mich nicht ganz mied. Damit hatte ich überhaupt nicht gerechnet.

Ich fühlte mich äußerst unwohl. Meine Vorstellungen von einem binnendifferenzierten Unterricht hingegen verfolgte ich trotzdem konsequent und kontinuierlich weiter. Die Warnungen von Kolleginnen, dass man mit den Kindern dieser Schule „sooo" nicht arbeiten könne, dass es sich auch nicht lohne, den Klassenraum so wunderschön zu gestalten, weil diese Kinder sowieso alles wieder kaputt machen, überhörte ich.

Glücklicherweise lernte ich aber auch Kollegen kennen, die nach einer gewissen Zeit den Kontakt zu mir suchten und interessiert waren, meine Beweggründe für diese Art der Ausgestaltung des Klassenraumes kennenzulernen. Das galt zu einem späteren Zeitpunkt dann auch für den Stil meines Unterrichts. Ich bot diesen Kolleginnen an, in meinem Unterricht zu hospitieren, was aber nur sehr selten aufgegriffen wurde. Nach meinem dreijährigen „Eremitendasein" wurde nun schon häufiger vorsichtig Kontakt aufgenommen. In der Pausenaufsicht wurde nun auch mal in meinen Klassenraum geschaut, und es wurden Fragen an mich gerichtet.

Ich stellte den Kolleginnen des Anfangsunterrichts meine vielfältigen selbst hergestellten Kopier- und Spielvorlagen zur Verfügung, die sie bei mir gesehen hatten und ihnen gefielen. Zögerlich wurde von meinem Angebot Gebrauch gemacht. Immerhin liefen die Arbeit mit den Kindern in meiner Klasse und die Elternarbeit problemlos. Von meiner Schulleiterin Marion Dießelberg wurde meine Arbeitsweise von Anfang an geschätzt und unterstützt, und das gab mir Kraft und weiteren Mut für den langen Atem, den ich brauchte, um durchzuhalten.

Schwierig war es, als ein Lehrerwechsel anstand. Man war nicht gerade begeistert davon, meine Klasse zu übernehmen. Die Bereitschaft, sich über meine Unterrichtsform zu informieren, war nur selten vorhanden. Angst oder Unsicherheit bei der Übernahme waren groß. Die Eltern waren von einem Wechsel auch nicht begeistert, weil sie befürchteten, dass die Lernlust ihrer Kinder verloren gehen könnte. Das wurde ein zusätzliches Problem für die übernehmende Kollegin. Ich habe zwar angeboten, mich mit den entsprechenden Kolleginnen zu treffen, um mit ihnen über die Kinder zu sprechen und das, was und wie sie gelernt haben, mitzuteilen. Aber auch hier verhielt man sich sehr zurückhaltend.

Und trotzdem merkte ich, dass sich langsam etwas veränderte. Die Kolleginnen aus meinen Nachbarklassen waren die ersten, die sich öfter in meine Klasse hineintrauten und Interesse zeigten an dem, was ich anders machte als sie. Die Kontaktaufnahme hatte begonnen. Natürlich hätte *ich* auch direkter auf sie zugehen können. Das war mir damals allerdings noch nicht möglich, weil ich fühlte, dass mir ausgewichen wurde. Nachdem die wenigen Kollegen, mit denen ich von Anfang an zusammenarbeiten musste, erlebten, dass sie gut mit mir zurechtkamen, sprach sich diese Erfahrung im Kollegium herum.

Nachdem nun auch von offizieller Seite meine Arbeit mit den Kindern nach Hospitationen durch die Fachaufsicht der Senatsverwaltung für Schule Mascha Kleinschmidt-Bräutigam sehr positiv beurteilt wurde und diese Nachricht sich ebenfalls verbreitete, hatte ich den Eindruck, dass einige Kollegen darüber völlig überrascht waren. Ich bemerkte aber auch, wie sich inzwischen mehrere Kolleginnen mit mir ehrlich freuten. Das bestärkte mich sicherlich zusätzlich, meinen eingeschlagenen Weg beharrlich weiterzugehen. Es machte mir neuen Mut, auf Kolleginnen in unserer Schule zuzugehen, um sie für eine Veränderung von Unterricht zu begeistern.

Auch die Fortbildungen, die ich zu den Themen „Lesen- und Schreibenlernen kinder- statt fibelorientiert" und „Binnendifferenzierter Unterricht von Anfang an" anbot, fanden in meiner eigenen Klasse statt, in der sich aufgrund der räumlichen Aufteilung und Gestaltung, der sichtbaren Arbeitsmaterialien und der Ergebnisse der Kinder schnell erahnen oder ersehen ließ, wie dort gearbeitet wurde. Wir haben uns etwa zwölfmal im gesamten Schuljahr in der Gesamtgruppe bei mir getroffen. Darüber hinaus wurden von der Gruppe weitere Treffen je nach Bedarf geplant, die an den jeweiligen Schulen stattfanden und in denen auch Arbeitsmaterialien gemeinsam hergestellt wurden.

Ich habe immer wieder festgestellt, wie viel produktiver eine Gruppe an gleichen oder ähnlichen Zielen arbeiten kann, im Gegensatz zu einer einzelnen Person, die sich alles allein ausdenken muss.

■ Unterrichtsvorschläge wurden zusammengetragen,
■ Spiele, Lieder, Gedichte, selbst gemachte und gekaufte Arbeitsblätter, Kassetten, Bücher, Bastelideen ausgetauscht,

- Probleme mit Schülern, Eltern und Kollegen, oftmals auch der Schulleitung erörtert,
- Elternabende und Konferenzen vorbesprochen,
- Tipps weitergegeben,
- Arbeitsergebnisse der Kinder mitgebracht und besprochen,
- gegenseitiges Hospitieren angeboten und auch wahrgenommen.

Auch ich als Fortbildnerin habe durch die Diskussionen mit den Kolleginnen sehr profitiert. Der gedankliche Austausch und die anschließende Reflexion trugen nämlich dazu bei, meine Gedanken weiter zu entwickeln und voranzutreiben.

In diese Fortbildungsveranstaltungen meldeten sich nach einer Weile auch Kolleginnen aus meiner eigenen Schule an, worüber ich zunächst überrascht, aber vor allem erfreut war. Ich habe sie bevorzugt in meine Seminare aufgenommen. Sehr gefreut hatte ich mich, dass sie ihre gewonnenen Eindrücke, erfahrenen Tipps und die entstandenen Kopiervorlagen an andere Kolleginnen weitergaben.

Nach insgesamt fünf bis sechs Jahren zeichnete sich bei mehreren Kolleginnen eine enorme Veränderung ab. Sie besuchten Fortbildungen und Seminare, aber auch Jahreslehrgänge zum Thema „Offene Unterrichtsformen" und wollten mit einer neuen ersten Klasse damit beginnen, ihren Unterricht anders zu gestalten. Ihr Wunsch nach einem Klassenraum in der Nähe meiner Klasse wurde von unserer Schulleiterin Frau Marion Dießelberg unterstützt. Für einzelne Kolleginnen bedeutete das, sich bei mir und anderen zu jeder Zeit Rat und Hilfe holen zu können.

Alle Kollegen, deren Klassenräume inzwischen auf diesem Flur liegen, arbeiten unterdessen mit offenen Unterrichtsformen. Auf diesem Flur befinden sich zehn Klassenräume, inzwischen auch mit Integrationsklassen. Da in diesen Klassen häufig zwei Kollegen unterrichten, die meist gut miteinander kooperieren, ist die Zahl der um offeneren Unterricht bemühten Kollegen erheblich größer. Und ganz gewiss befinden sich auch in den anderen Fluren Lehrerinnen und Lehrer, die ihre Unterrichtsarbeit verändert haben oder verändern.

Auch ich habe sehr viel dazu gelernt. Ich bin toleranter geworden, habe mehr Verständnis für die Ängste und Unsicherheiten einzelner Kollegen und habe gemerkt, dass Kollegen genauso verschieden sind wie die Kinder, die ich in meiner Klasse habe. Auch sie müssen dort abgeholt werden, wo sie in ihrer Entwicklung stehen, und ihre unterschiedlichen Entwicklungsstufen dürfen nicht be- und gewertet werden. Manchmal denke ich, sie haben sich zu wenig um sich selbst gekümmert.

Sie müssen erst erfahren,
- dass lustige Lehrerinnen lustige Kinder haben,
- dass gestresste Lehrerinnen gestresste Kinder haben,

- dass traurige Lehrerinnen traurige Kinder haben,
- dass zufriedene Lehrerinnen zufriedene Kinder haben,
- dass glückliche Lehrerinnen glückliche Kinder haben usw.

Teamarbeit

Ich bin froh, dass ich in den letzten Jahren die Möglichkeit hatte, mit Kolleginnen in enger Kooperation ohne Konkurrenz in einigen Klassen zu arbeiten. Diese Jahre gehören zu meinen wertvollsten Erfahrungen. Mit einer dieser Kolleginnen sollte ich gemeinsam eine Klasse mit mehreren Integrationskindern übernehmen. Wir kannten uns noch nicht sehr lange, unsere Bereitschaft zusammenzuarbeiten war aber vorhanden. Wir haben uns des öfteren getroffen, uns über unsere bisherigen Unterrichtserfahrungen ausgetauscht und überlegt, wie wir unsere Zusammenarbeit gestalten wollen.

Wir waren uns einig, dass Neid und Konkurrenz Feinde jeglicher Kooperation und Teamarbeit sind, und vereinbarten statt dessen Aufrichtigkeit und verständnisvolles Umgehen miteinander. Eventuelle Probleme oder Unstimmigkeiten bezüglich des Umgangs mit den Kindern sollten möglichst sofort und nicht vor den Kindern geäußert werden. Wir teilten uns gegenseitig unsere Stärken und Schwächen mit und berücksichtigten bei der Planung unsere jeweiligen Fähigkeiten in den verschiedenen Bereichen.

Jede von uns brachte ihre Vorschläge ein. Wir wählten Arbeitsmaterialien, Aufgaben, Gedichte, Lieder und Geschichtenbücher aus und profitierten beide von unseren Diskussionen und Sichtweisen. Da wir beide gern vorlasen und auch den musikalischen Bereich mit großem Elan betrieben, einigten wir uns darauf, uns abzuwechseln. Ihre und meine Liederwünsche und Geschichten wurden gleichberechtigt behandelt. Häufig bildeten wir auch zwei Kindergruppen, in denen wir Unterschiedliches anboten, und tauschten die Gruppen danach aus.

Das Arbeiten in diesem Team empfand ich als große Bereicherung. Es machte Spaß und war sicherlich auch für die Kinder ein Gewinn. Sie hatten in manchen Stunden zwei Bezugspersonen unterschiedlicher Temperamente, so dass sie häufiger auswählen konnten, mit welchem Problem sie zu welcher Person gehen wollten. Und auch für uns war es von Vorteil, wenn meine Kollegin oder ich mal gestresst von einem verhaltensschwierigen Kind war oder unsere Geduld beim Erklären von Aufgabenstellungen strapaziert wurde, bekamen wir das beide meistens mit. Nach wenigen Wochen gemeinsamen Arbeitens reichte ein Blickkontakt zwischen meiner Kollegin und mir aus, um zu signalisieren, dass man sich eine Unterstützung wünschte.

Manchmal haben wir den Kindern auch gesagt, dass wir im Augenblick zu verärgert sind, um angemessen zu reagieren, und dass es besser wäre, den Konflikt zunächst mit der anderen Lehrerin zu besprechen. Falls notwendig, haben wir zu einem späteren Zeitpunkt, wenn das Kind sich wieder beruhigt hatte, in Ruhe zu dritt ein Gespräch geführt.

Kinder, die sehr motiviert sind zu lernen, sich aber äußerst anstrengen müssen, um zum Erfolg zu kommen, brauchen oftmals sehr geduldige Lehrerinnen und zusätzliche anschauliche Erklärungen. Konnte die erforderliche Geduld von einer von uns nicht mehr aufgebracht werden, wechselten wir uns ab. Hin und wieder musste man sich gegenseitig auch trösten, wenn man sich eine Schwäche oder einen Fehler nicht selber verzeihen konnte.

Ich möchte mich auf diesem Weg ganz besonders bei Birgit Müller-Gnielka und Brigitte Meier bedanken, zwei Kolleginnen von mir, mit denen ich über mehrere Jahre im Team äußerst effektiv, fröhlich, konfliktfrei und erfolgreich habe arbeiten dürfen. Ein erfolgreiches Arbeiten im Team setzt meines Erachtens allerdings voraus, dass bei beiden miteinander kooperierenden Kollegen die Bereitschaft zur Zusammenarbeit vorhanden ist und ihre Vorstellungen von Unterricht und Erziehung übereinstimmen.

Ich freue mich sehr, dass die Zahl der Kollegen, die sich an meiner Schule und woanders mit anderen Unterrichtsformen und neuen Formen des Lernens auseinandersetzen, nun kontinuierlich wächst. Ich wünsche ihnen und ihren Schülern, dass sie erleben können, wie Schule so mehr Spaß machen und stressfreier ablaufen kann.

Ich halte es für sehr wichtig, dass verstärkt Fortbildungsveranstaltungen und Seminare angeboten werden, die sich mit offenen Unterrichtsformen, Lern- und Kommunikationstechniken, Lernstrategien sowie gehirngerechtem Lernen auseinandersetzen. Der Bedarf ist nach meiner Kenntnis groß. Auf diesem Wege erreichen wir eine größere Anzahl von Kolleginnen und Kollegen, die sich gegenseitig den Rücken stärken und sich hoffentlich mutig auf neue Wege begeben, denn einer Einzelkämpferin oder einem Einzelkämpfer könnte die Luft unter Umständen schon mal ausgehen.

Nachwort

Wie schade, dass Sie, liebe Leserin, lieber Leser, nur *das Buch* von Bärbel Nicolas lesen können. Wie sehr wünschte ich Ihnen, Sie könnten Ihr Klassenzimmer betreten, sich eine halbe Stunde vor Unterrichtsbeginn dort hineinsetzen und das Ankommen der Kinder erleben.

Wie sie sich einfädeln mit ihren Morgenstimmungen und häuslichen Erlebnissen, zu Spielzeug, Büchern, Malsachen greifen oder miteinander reden. Mit welcher Sicherheit und Ruhe sie sich in einem für Fremde eher unübersichtlichen Raum bewegen. Alles scheint seinen Platz zu haben, alle Flächen und Nischen voller Material, vom Ablagekorb über Schreibmaschinen und Staffeleien bis hin zu Bechern mit Stiften, Klebstoff, Scheren, Stapeln von Klemmbrettern …

Als ich das erste Mal in diesem Lebens-, Arbeits-, Lern-, Bastel-, Musizierraum saß, war es jedoch nicht die Ausgestaltung des Raumes, die mein Erstaunen am meisten erregte. Mich beeindruckte vielmehr der gemeinhin als „Sozialverhalten" umschriebene Umgang der Kinder miteinander, mit der Lehrerin und mir, der Besucherin. Ich wurde auf eine angenehme, gar nicht erwachsenenfixierte Weise in das Geschehen integriert, durfte bei allem mitmachen, bekam Fotos, Texte, Bilder gezeigt und selbstverständlich einen Platz im Morgenkreis zugewiesen. Kinder einer ersten Klasse wiesen mich in offene Lernformen ein, erklärten mir Regeln und Rituale, halfen mir beim Singen und gaben mir Lektüretipps.

Die Lehrerin war im Verlaufe des Vormittags eher im Hintergrund. Sie saß, kochte, kniete mit einzelnen Kindern oder Kindergruppen bei unterschiedlichen Aktivitäten. Sie erklärte, lobte, fragte ab, gab Auskunft und war für alle Ansprechpartnerin, ohne gehetzt oder getrieben zu wirken. Selbst für mich hatte sie noch Zeit.

Als ich Jahre später mit Fotos aus dem Klassenraum von Bärbel Nicolas Fortbildungen zum Thema „Öffnung des Unterrichts" anbot, erlebte ich mehr Skepsis und Fragen als Zustimmung zu einem dermaßen materialintensiv ausgestatteten Klassenzimmer. Ob die Kinder da überhaupt zum Arbeiten kämen, ob sie nicht von der Vielfalt der Gegenstände ständig abgelenkt seien, ob hier denn auch „ernsthaft" gelernt wurde, wurde ich gefragt.

Erst da wurde mir bewusst, dass und in welchem Maße wir Erwachsenen die Welt, in der Kinder lernen, mit unseren Erwachsenenaugen sehen. Wir denken – in bester Absicht für die Kinder – in unseren Ordnungssystemen. Wir meinen, wir wüssten am besten, was für die Kinder lernförderlich sei. Und übersehen dabei, dass auch für uns nicht jede Lernumgebung gleich anregend und angenehm ist. Die eine braucht den chaotischen Schreibtisch, der andere den leergeputzten. Kinder haben eigene Ordnungen nicht nur für die äußeren Bedingungen eines Raumes. Das gilt auch für Pausenregelungen, 45-Minuten-Takte, Aneignungsformen, Beurteilungsweisen und vieles mehr.

Treffender ist es wohl zu sagen: Kinder *finden* ihre eigenen Ordnungen, wenn ihnen Raum und Zeit gewährt wird, selbsttätig zu sein, eigenaktiv Erfahrungen zu machen und – unterstützt durch Ordnungshilfen und Regeln – Irrwege gehen zu dürfen.

In das Buch von Bärbel Nicolas sind Jahrzehnte der Erfahrungen und viele persönliche Lernprozesse eingeflossen. Es ist faszinierend zu spüren, wie sie in einem hohen Maße selbst die Lernende ist, damit ein kindgeleiteter Unterricht bereits zu Schulanfang gelingen kann. Neben aller didaktisch-methodischen Professionalität, aller Literaturkenntnis, neben der Fähigkeit, komplexe Zusammenhänge störungsfrei managen zu können, ist es vor allem die immer wieder durchscheinende Haltung der Lehrerin dem Kind gegenüber, die das Buch zu einer so berührenden Lektüre macht.

Ihre grundlegend optimistische Einstellung zur Lernfähigkeit jedes Kindes in seinen Möglichkeiten, ihr Verzicht auf jede moralische Interpretation von „störenden" Verhaltensweisen und ihr Respekt vor der Eigenheit jedes einzelnen Kindes haben im Laufe vieler Jahre aus den Samenkörnern reformpädagogischer Ideen blühende Lernlandschaften werden lassen, in denen der „Dschungel" Klassenzimmer eine zentrale Funktion hat.

Dieses Buch kann neben den Anregungen, die die Autorin auf der praktischen Ebene gibt, viel Mut machen, scheinbar Unmögliches durch sorgfältiges Planen, viel Fleiß und großes Engagement Wirklichkeit werden zu lassen.

Dennoch muss man sich darüber im Klaren sein, dass der Weg ein außerordentlich mühsamer bleibt. Vor allem die Begegnung mit uns selbst, unsere eigene Bereitschaft zu Offenheit und Kooperation, die Fähigkeit zur Außenbetrachtung der eigenen Person könnten uns nicht immer ganz leicht fallen. Darin liegt wohl auch ein Grund dafür, dass die Idee einer humanen Schule schon so viel länger existiert als ihre Realisierung.

Ich bin sicher, dass bei der Lektüre des Textes von Bärbel Nicolas trotz allem neuer Mut entstehen wird, sich auf das Abenteuer einzulassen – die Schule wirklich *zu öffnen*.

Mascha Kleinschmidt-Bräutigam

Literaturliste zum Weiterlesen

Bereich Pädagogik, Psychologie, gehirngerechtes Lernen
Andresen, Ute: So dumm sind sie nicht, Quadriga Verlag 1986
Büttner, Christian: Mit aggressiven Kindern leben, Beltz Verlag 1992
Fingerhut, M./Manske, C.: Ich war behindert an Hand der Lehrer und Ärzte, rororo 1984
Goleman, Daniel: Emotionale Intelligenz, Hanser Verlag 1995
Hentig, Hartmut von: Die Schule neu denken, Hanser Verlag 1993
Kuroyanagi, Tetsuko: Totto-chan (So wunderbar kann Schule sein), Fischer Verlag 1995
Meister Vitale, Barbara: Lernen kann phantastisch sein, Synchron Verlag 1988
O'Connor, J./Seymour, J.: Gelungene Kommunikation und persönliche Entfaltung, VAK 1992
Rogge, Jan-Uwe: Eltern setzen Grenzen, rororo 1995
Rogge, Jan-Uwe: Kinder brauchen Grenzen, rororo 1996
Schulz von Thun, Friedemann: Miteinander reden, Band 1 und 2, rororo 1981
Schwarz, Hermann: Lebens- und Lernort Grundschule, Cornelsen Verlag Scriptor 1994
Singer, Kurt: Lehrer-Schüler-Konflikte gewaltfrei lösen, Beltz Verlag 1988
Singer, Kurt: Ohne Noten lieber lernen, Aktion humane Schule Bayern, o. J.
Wild, Rebecca: Erziehung zum Sein, arbor Verlag 1990
Wild, Rebecca: Sein zum Erziehen, arbor Verlag 1991

Bereich Umgang mit schwierigen Kindern
Axline, Virginia M.: Dibs – Die wunderbare Entfaltung eines Kindes, Knaur Verlag
Hayden, Torey L.: Kevin – Der Junge, der nicht sprechen wollte, Fischer Verlag 1988
MacCracken, Mary: Charlie, Eric und das ABC des Herzens, Lernschwierigkeiten aus eigener Kraft überwinden, Scherz Verlag 1987
MacCracken, Mary: Lovey – Die Therapie eines schwierigen Kindes, Fischer Verlag 1990
Tikkanen, Märta: Aifos heißt Sofia – Leben mit einem besonderen Kind, rororo 1990

Bereich Deutsch
Altenburg, Erika: Wege zum selbstständigen Lesen, Cornelsen Verlag Scriptor 1991
Bergk, Marion: Schulanfang ohne Fibeltrott, Klinkhardt Verlag 1984
Bettelheim, Bruno: Kinder brauchen Bücher, Deutsche Verlagsanstalt 1981
Buchner, Christine: Neues Lesen – neues Lernen, Verlag Bruno Martin 1991
Mann, Iris: Schlechte Schüler gibt es nicht, V&S Pädagogik 1977
Piechorowski, Arno: Vielfältiger Erstleseunterricht, Verlag Armin Vaas 1985
Spitta, Gudrun: Kinder schreiben eigene Texte in Klasse 1 und 2, Cornelsen Verlag Scriptor 1990
Warnke, Fred: Was Hänschen nicht hört (Lese-Rechtschreib-Schwäche), VAK 1992

Gedichte
Andresen, Ute: Versteh mich nicht so schnell (Umgang mit Gedichten), Beltz Quadriga 1991
Guggenmos, Josef: Oh Verzeihung sagte die Ameise, Beltz & Gelberg 1990
Krenzer, Rolf: 1mal, 2mal, 3mal darfst du raten, Verlag Bergmoser und Höller
Vahle, Frederick: Der Himmel fiel aus allen Wolken, Beltz & Gelberg 1994
Watzke u. a.: Gedichte in Stundenbildern (1. und 2. Jahrgangsstufe), Auer Verlag 1991 und 1993

Bereich Mathematik
Bohcc, Paul Je, Verstehen heißt Wiederfinden, Pädagogik-Kooperative e. V., Bremen 1994
Gallin, U./Ruf, U.: Sprache und Mathematik in der Schule, Pädagogik-Kooperative e. V.,
    Bremen 1990
Köppen, Dagmar: 70 Zwiebeln sind ein Beet, Beltz Praxis 1988
Milz, Ingeborg: Rechenschwächen erkennen und behandeln, Verlag Borgmann 1993
Informationen über den Reader 1: „Kind- und sachgemäßes Lernen im struktur- und
    niveauorientierten Unterericht" mit dem Diagnoseverfahren und Informationen über den
    Rechenzug können unter folgender Adresse angefordert weren: Prof. Dr. Reinhard
    Kutzer, Universität Marburg, Schwanallee 50, 35037 Marburg/Lahn

Bereich Musik (Liederbücher)
Edelkötter, L./Richter, J.: Der Sommer schmeckt wie Himbeereis, Impulse 1990
Jöcker, Detlev: 1, 2, 3 im Sauseschritt – lustige und lehrreiche Lieder und Spiele, Verlag
    Menschenkinder 1994
Krenzer, R./Edelkötter, L.: Du, ich geh einfach auf dich zu (Sozialverhalten), Liedheft mit
    Spielanregungen, Impulse 1988
dies., Wenn die Eisblumen blühen, Winter-Lieder-Spiel-Geschichtenbuch, Impulse 1989
Krenzer, R./Horn, R.: Endlich gehen wir zur Schule, Lahn Verlag 1993
Rosin, Volker: Mit Spaß und Fantasie, 14 neue Kinderhits, Moon Records 1989
Wagner, Elisabeth: Herr Blubberplopp, der Wassermann, Neue Klanggeschichten und
    Lieder, Don Bosco Verlag 1994
Zuckowski, Rolf: Kerlchens Liederbuch, Lieder zu Themen Glück, Neid, Streit, Freund-
    schaft, Edition Sikorski
ders.: Rolfs Schulweg-Hitparade, 12 Lieder zum Thema Verkehrssicherheit, Edition Sikorski

Bücher, die Kinder zum Staunen bringen und Lehrerinnen praktische Tipps vermitteln
Ardley, Neill: Mein erstes Buch vom ... Licht, Schall, von der Luft, Tessloff Verlag 1991
Bartnitzky, H./Christiani, R.: Die Fundgrube für jeden Tag, Cornelsen Verlag Scriptor 1995
Callies/Döpp/Kräussl/Luttermöller: Spiel- und Lernladen für Vorschulkinder, Klett Verlag
    1977
Löscher, Wolfgang: Hör-Spiele, Don Bosco Verlag 1982
Pausewang, Elfriede und Freya: 150 Spiele für eine zukunftsorientierte Erziehung,
    Don Bosco Verlag 1980
Walter, Gisela: Wasser – Die Elemente im Kindergartenalltag, Herder Verlag 1991

Freiarbeitsmaterialien
Bei folgenden Adressen können Sie Kataloge für Materialien zur Freien Arbeit anfordern:
Verlag AOL, Postfach 8, 77837 Lichtenau, Telefon 07227-4349, Fax 07227-8284
Verlag Rüdiger Kohl, Postfach 1140, 52380 Niederzier, Telefon 02428-5193
Verlag Beenen-Lehrmittel, Issumer Weg 19, 46519 Alpen, Telefon 02802-5570,
    Fax 02802-1372
Buchhandlung Elke Dieck, Postfach 1329, 5138 Heinsberg
Pädagogik-Kooperative e. V., Goebenstr. 8, 28209 Bremen, Telefon 0421-344929,
    Fax 0421-3478556
Verlag an der Ruhr, Postfach 102251, 45422 Mühlheim/Ruhr, Telefon 0208-495040,
    Fax 0208-4950495